サラリーマンの9割は税金を取り戻せる

あらゆる領収書は経費で落とせる【増税対策編】

大村大次郎
Omura Ojiro

Chuko Shinsho La Clef
478

中央公論新社

まえがき――大増税に対抗する方法

２０１４年４月からの消費税の増税が決まってしまいましたね。

消費税が増税した分だけ給料も上がるのならばいいですが、なかなかそういうことにはなりそうもありません。我々は、自己防衛するしかないのです。

しかも、消費税の増税は今回だけではなく、段階的に上がることになっています。このまま放っておけば、生活はどんどん苦しくなっていきます。

この大増税時代に対抗するためには、節税することがもっとも手っ取り早い方法です。

なので、本書では、サラリーマンの方々が、ちょっとした知識と作業で税金を安くする方法をご紹介したいと思っています。

「サラリーマンでも税金が安くなる」

といっても、なかなか信用されません。

サラリーマンは節税などできない、というイメージがしっかりしみついていて、

「サラリーマンで税金が安くなるのは、大きな病気をした人や、災害で大きな被害にあった特別な人だけだ」

と思っている人も多いようです。

でも決してそうではありません。

普通の生活をしていても、税金が安くなる手段はたくさんあるのです。そして、本当は節税になるのに、みすみすそのチャンスを逃している方もたくさんいるのです。

ぜひ頑張って、税金を取り戻しましょう！

目次

第1章 〝ふるさと納税制度〟を使えばだれでも節税できる！　31

第2章　あなたは一体いくら税金を払っているのか？　61

第3章　サラリーマンの節税スキーム　89

第6章 サラリーマンの税金還付はメチャクチャ簡単！

サラリーマンの9割は税金を取り戻せる

あらゆる領収書は経費で落とせる【増税対策編】

編集協力／ふるだて税理士事務所
本文ＤＴＰ・図表作成／市川真樹子

序章

あなたの税金も必ず安くなる！

——まずは実例10連発！

節税はだれでもできる！

まずは、節税がいかに身近なものか、ということを実感していただくために、序章では10の具体例をご紹介したいと思います。

これを読めば、ほとんどのサラリーマンの方は、

「こんな人でも税金が安くなっているのか」

と、びっくりされるはずです。

ここに挙げた例は、実例ではなく税法を基にして筆者がつくったものです。かといって、実現不可能な絵空事では決してありません。普通の人の普通の生活ばかりのはずです。普通の人が、普通の生活をしていても、節税の機会はゴロゴロと転がっているわけです。

この中には、あなたにも、きっと関係するものがあるはずです。

ふるさと納税すれば実質2万円の税金還付

お得情報を集めるのが趣味のYさん。

ふるさと納税制度という、非常にお得になる制度があるのを知り、さっそく利用してみました。

ふるさと納税というのは、自分が今、住んでいる自治体以外の自治体に寄付をすれば、その寄付金から2千円を差し引いた税金が還付されるという制度です。

そして、このふるさと納税をすれば、寄付をされた自治体が特産品などを送ってくれるのです。この特産品は非常に高価なものが多いので、うまくやれば寄付金の実質負担額よりはるかに高い特産品をゲットできるのです。寄付する自治体は自分で自由に選ぶことができるので、自治体が謝礼として提供している特産品の中から欲しいものを選び、その自治体に寄付すればいいのです。

Yさんは、鳥取県米子市に3千円、山形県新庄市に5千円、宮城県気仙沼市に1万円、埼玉県幸手《さって》市に1万円、神奈川県三浦市に1万円、合計3万8千円を寄付しました。

でもこの寄付金のうち、所得税、住民税の還付で3万6千円が戻ってきます。なので、実質的な負担額は2千円です。

そして、寄付の御礼として、米子市から地元企業協賛品詰め合わせ6千円相当、新庄市から山形牛など2500円相当、気仙沼市からふかひれセット5千円相当、幸手市からコシヒカリ5千円相当、三浦市からメロンなど3千円相当、合計2万1500円相当が送られてきました。

たった2千円で、2万1500円の買い物をしたのです。

つまりは、約2万円の税金還付を受けたのと同じようなものなのです。

Yさんは、来年はもっとたくさんふるさと納税をしようと思っています（詳しくは第1章を参照）。

禁煙治療をした人が税金2万円還付

Bさんは、毎日タバコを2箱吸うようなヘビースモーカーです。

会社の方針で、全館禁煙となり、全社的に禁煙運動が始まりました。

Bさんも禁煙をしようとしましたが、タバコはなかなかやめられるものではありません。

いろんな方法を試しましたが、ことごとく失敗に終わりました。

そこでテレビなどでも宣伝しているので、病院で禁煙治療を受けることにしました。病院での禁煙治療でも、Ｂさんはなかなかタバコをやめることはできませんでしたが、徐々に効果が表れてきました。禁煙治療は半年続きましたが、ついに禁煙に成功しました。

この禁煙治療の費用は５万円程度でした。

そしてＢさんは、禁煙治療の費用は、医療費控除の対象になることを知りました。医療費控除は、だいたい年間10万円以上の医療費が掛かったときに、所得から一定の控除を受けられるという制度です。

Ｂさんの医療費は、いつもは年間10万円を超えるか超えないかという程度だったのですが、禁煙治療費を入れれば確実に超えました。禁煙治療費と家族の通院費などを合計すれば、医療費は約18万円になりました。

Ｂさんは、医療費控除の申告を行いました。

その結果、所得税、住民税合わせて２万円程度の税金が戻ってきました（詳しくは第４章を参照）。

温泉療養をした人が税金10万円還付

Cさんは、血圧が高く、血糖値も高いことから、会社の健康診断で食事などの指導を受けていました。Cさんは温泉に行くのが趣味で、その年の冬も有給休暇をとって温泉に行くことにしていました。

そんなCさんは、あることを聞きつけました。

高血圧などの改善のために、医者の指示を受けて温泉療養をすれば、温泉療養費が医療費控除の対象になり、税金が安くなるというのです。Cさんは、さっそく会社の指定医に相談し、温泉療養を行うことにしました。

温泉の費用は、交通費などを含めて全部で30万円掛かりました。

これと日頃の病院費、市販薬代などを合計すると、医療費は50万円ほどになりました。

そのため、医療費控除を受けるために確定申告しました。

その結果、所得税と住民税合わせて10万円程度が還付されました（詳しくは第4章を参照）。

東日本大震災で家の修理をした人が税金15万円還付

千葉県にお住まいのTさん。

東日本大震災では、津波などの被害は受けませんでしたが、家が多少ガタつきました。そのため補修工事をしました。費用は全部で１００万円掛かりました。

Tさんは、震災の補修工事で、税金が安くなることなどは知らなかったので、その年は申告しませんでした。

しかし、あるときTさんは、災害で被害を受けた場合、補修工事などをすれば税金が安くなることを知りました。

Tさんは、東日本大震災で税制上の恩恵を受けられるのは、東北地方で大きな被害を受けた人たちだけだと思っていました。

でも、大きな被害ではなくても地震で損害を受けた人には、税制上の優遇措置があるのです。

「知っていれば申告していたのに」

とTさんは非常に悔しい思いをしました。

しかし、震災の年に申告しなくても、5年間は申告できるのです。Tさんはそれを知り、平成24年に確定申告しました。

その結果、所得税、住民税合わせて15万円の税金が戻ってきました（詳しくは第5章を参照）。

地震保険で税金1万円還付

東海地方に住むEさんは、東日本大震災を見て他人事ではないと思い、地震の起きた年（平成23年）に地震保険に加入しました。

Eさんの加入した地震保険は、地震が起きて家や家財道具に損害を受けたときに保険金が下りるというもので、保険料は年額5万円でした。

そしてEさんは、最近になって地震保険が所得控除の対象となることを知りました。Eさんはさっそく会社で手続きをしました。地震保険料の5万円が、そのまま所得控除できるので、所得税、住民税合わせてだいたい1万円の節税になりました。

またEさんは、申告をし損なっていた平成23年分の地震保険料控除を、確定申告をしました。過去に申告をし損なった分は、先ほどの補修工事と同様に過去5年分はさかのぼって申告ができます。過去の分は、会社では手続きはしてくれないけれど、自分で申告すれば還付を受けることができるのです。

Eさんは、この確定申告により、平成23年度分も1万円程度の税金還付を受けました（詳しくは第3章を参照）。

生命保険の見直しで3万円の節税

Iさんは、40代のサラリーマンで、妻と子ども2人を養っています。Iさんは、もしものために、ということで、月3万円近くの生命保険に加入していました。

しかしあるとき、保険にはさまざまな種類があることを知りました。死亡したとき、病気になったときだけじゃなく、老後の年金となる保険や、介護が必要になったときにもらえる民間介護保険などもあるというのです。

そして保険に入った場合には、保険料控除という所得控除を受けられるのですが、一つの分厚い生命保険に入るより、いろんな種類の保険に入っていれば、保険料控除が多くなることも知りました。

そこで保険の見直しをし、今の生命保険料をだいたい3等分し、生命保険、個人年金保険、民間介護保険の3つの保険に加入し直しました。

それまで生命保険にしか入っていなかったので、所得税の所得控除額が年間4万円、住民税の所得控除額は年間2万8千円だけでした。が、3種類の保険に加入したことで、所得税の所得控除額が年間12万円、住民税の所得控除額は年間7万円となりました。

その結果、所得税、住民税合わせて3万円の節税になりました（詳しくは第3章を参照）。

定年退職した人が税金5万円を払いすぎていた

Kさんは、3年前、65歳で会社を定年しました。若干蓄えもあったので、再就職はせずしばらくのんびりしようと思っていました。

退職金の税金は、会社で全部やってくれるし、サラリーマン時代の税金はすべて完結しているものと思っていました。

しかし、ある人から次のような話を聞きました。

「Kさんは退職したあと、再就職していないので、年末調整を受けていない。年末調整を受けていなければ、税金を納めすぎている可能性が高い」

退職金の税金は会社で完結したけれど、最後の年の給料の税金は、確定申告をしないと完結しないのでした。

そして3年前の税金であってもさかのぼって（過去5年分は）申告できるといわれたので、税務署で確定申告をしました。

その結果、所得税5万円が還付されました（詳しくは第2章を参照）。

田舎の両親を扶養に入れて15万円の税金還付

Mさんは、鳥取県出身で、就職のために東京に出てきて、東京で結婚し、現在は埼玉に住んでいます。

両親は鳥取で暮らしています。Mさんは一人息子で、両親の老後の責任はすべてMさんが負わなくてはなりません。両親の生活は、基本的には年金で賄われていますが、時々、Mさんが足りない分を補ったりしています。

あるときMさんは、別居している両親を扶養控除に入れることができる、という話を聞きました。Mさんは、扶養控除というのは、同居していないとダメだと思っていました。しかし、別居していても、ある程度、経済的な面倒を見ていれば、扶養に入れることができるというのです。

でも、年金をもらっていては両親を扶養に入れることはできない、と思いましたが、それも違うようです。年金暮らしでも、一定の金額以下であれば、扶養に入れられるのです。65歳以上であれば、年金収入が158万円以内であれば扶養に入れることができるのです。

Mさんの両親は、ともに70代。父親が140万円程度、母親が100万円程度の年金をもらっていたので、両方とも扶養に入れることができました。

両親を扶養控除に入れることにより、Mさんは所得税、住民税合わせて15万円もの税金が戻ってきました（詳しくは第3章を参照）。

会社を辞めた息子を扶養に入れ直し、10万円の税金還付

Hさんの息子は25歳ですが、まだ定職に就いていません。

大学を出て一旦就職しましたが、就職先がブラック企業だったらしく、半年で退職し、今もまだフリーターの生活をしています。

Hさんは、息子が就職したとき、彼を扶養からはずしました。息子も収入を得るようになったので、扶養には入れられなくなったからです。

しかし、Hさんは息子が会社を辞めてからも、扶養からはずしたままにしていました。Hさんは、一度就職した子どもは、再度、扶養に入れることはできない、と思い込んでいたのです。つまり、成人して一度社会に出た家族は、もう扶養には入れられないと考えていたのです。

ところが、あるとき、一度扶養からはずした子どもでも、仕事をやめたりすれば、再度、扶養に入れられることを知りました。扶養する家族に年齢制限などなく、何歳であっても、扶養していれば扶養控除できるということです。

そのため、あらためて会社に息子の扶養を申請しました。その結果、所得税、住民税合わせて10万円程度の税金が戻ってきました（詳しくは第3章を参照）。

息子の社会保険料で親が3万円の税金還付

前項で紹介したHさん、さらに節税の余地がありました。

Hさんは、息子が会社を辞めたとき、将来のために国民年金に加入させ、Hさんが払っていました。息子はアルバイトをしていましたが、年金までは支払えなかったからです。本来、社会保険料というのは、全額が所得から控除されます。Hさんもそれは知っていましたが、それは自分の分だけだと思っていました。

しかし、あるとき、家族の分の社会保険料でも、払った人が控除を受けられるという話を聞きました。

Hさんは、息子の国民年金保険料約18万円を控除してもらうために、確定申告をしました。その年の年末調整は終わっていたので、自分で確定申告をしなければならないということだったからです。

確定申告は非常に簡単で、源泉徴収票と、息子の国民年金保険料の控除証明書を持っていけば、税務署員がその場で申告書を作成して収受してくれました。

結果、Hさんは、所得税、住民税合わせて3万円程度の税金が戻ってきました（詳しくは第3章を参照）。

以上、ざっと「こんな人が節税できる」という例をご紹介しました。この他にも、まだたくさん節税方法はあります。

どうです？

あなたも節税ができるというのが、これでわかっていただけましたか？

では、これから節税の具体的なしくみ、手順についてご紹介していきましょう。

第1章

〝ふるさと納税制度〟を使えばだれでも節税できる！

ふるさと納税制度という究極の節税術

「サラリーマンのほとんどは、実質2万円近くの税金還付が受けられる!」

そんなことをいわれても、信じられないという人が多いはずです。

しかし、これは本当のことなのです。

本書は「サラリーマンの9割は税金を取り戻せる」というタイトルですが、それが決してウソではないという根拠を、まず最初にご紹介しましょう。

現在の税制には、「ふるさと納税制度」というものがあります。

これは、自分が好きな自治体に寄付をすれば、その分、所得税、住民税が安くなるという制度です。

具体的にいえば、自治体に寄付をすれば、所得税、住民税などが寄付金からマイナス2千円した額が還ってくるという制度です。たとえば、3万円寄付した場合、そのマイナス2千円、つまり2万8千円が還ってくるのです。

都会の人に、自分のふるさとに寄付をしてもらい、地方の財政を充実させよう、ということで、このふるさと納税制度は始められました。

が、このふるさと納税制度は、自分のふるさとに限らず、自分の好きな自治体に寄付をしてもいいのです。だから、震災の被災地などに寄付をしても、いいわけです。

この〝ふるさと納税制度〟、実はうまく使えば、有効な「実質的節税」になるのです。

「寄付した額から2千円差し引いた額が戻ってくるんだったら、2千円マイナスじゃないか、節税にはならないじゃないか」

と思う人もいるでしょう。

まあ、最後まで聞いてください。

実は、ふるさと納税制度には、ちょっとした裏メリットがあるのです。

ふるさと納税制度を利用して自治体に寄付をした場合、自治体側が御礼として、特産品を贈るということがあるのです。

たとえば、北海道の釧路市では、5万円以上の寄付で、特産品詰め合わせとして、ほっけ一夜干し、かれい一夜干し、燻《いぶし》とば、姫ししゃも、ふきっ娘、糠《ぬか》さんま、ベビーホタテ、丸《まる》水《すい》瓶詰など5千円相当がもらえます。

また埼玉県幸手市では、1万円以上の寄付で、特選幸手のコシヒカリ（新米13・5キロ）

5千円相当（送料込み）がもらえます。

特産品の内容などは、自治体によってまちまちですが、1万～3万円程度の寄付をすれば3千～5千円程度の特産品をもらえるようになっています。

となると、もう一回、計算し直してみてください。

繰り返しますが、ふるさと納税制度では、寄付金マイナス2千円の税金が還ってきます。

だから実質的な寄付金額は2千円です。

もし1万円を寄付しても、実質的な負担は2千円で済むわけです。

でも、1万円の寄付をすれば、5千円相当の特産品がもらえます。

つまり2千円程度の寄付金で、5千円相当の特産品がもらえるということなのです。

しかも、各自治体がさまざまな特産品を用意しています。肉、魚、米、野菜、地酒、うどん、ジャムなどの食料品から、温泉の入浴券、レストランの食事券など、だれもが何かしら欲しいものが用意されています。

自治体のホームページなどで、それを見ることができます。

また最近では、ふるさと納税の特産品を集めたサイトも多々あります。そういうサイトを見ながら、自治体に寄付をすればいいのです。

このふるさと納税制度を使っている人は、まだまだ少数です。

平成24年では約74万人にすぎず、サラリーマンの２％にも足りません。サラリーマンの98％はこの制度を使っていないのです。

これを見ても、サラリーマンの９割が税金を払いすぎている、というのは、間違いじゃないことがわかるはずです。

自己負担2千円で2万円相当の特産品がもらえる裏ワザ！

さらに、このふるさと納税制度には、オイシイ裏ワザがあるのです。

というのは、先ほど述べましたように「１万円前後の寄付をすれば、５千円相当の特産品がもらえる」ということが多いのですが、これは複数の自治体に使えるのです。

つまり、１万円の寄付を４つの自治体にした場合、それぞれから5千円相当の特産品を合計２万円分もらえるわけです。

で、４つの自治体にそれぞれ１万円寄付した場合、寄付金は４万円になりますが、３万８千円が寄付金控除で戻ってくるので、実質負担額は２千円です。つまりは、２千円の負担額

図表1 ふるさと納税制度の利用例

●寄付金の額

北海道利尻富士町に	寄付1万円		
宮城県気仙沼市に	寄付1万円		
埼玉県幸手市に	寄付1万円		
長野県下條村に	寄付1万円		
寄付金合計	4万円		
	−［戻ってくる税金］	3万8000円	
	＝［実質負担額］	2000円	

●もらえる特産品

北海道利尻富士町から	特産品詰め合わせなど	5000円相当
宮城県気仙沼市から	ふかひれセットなど	5000円相当
埼玉県幸手市から	コシヒカリなど	5000円相当
長野県下條村から	特産品詰め合わせなど	5000円相当
特産品の合計		2万円相当

で、2万円相当の特産品がもらえるというわけです。

たとえばある人が、北海道利尻富士町、宮城県気仙沼市、埼玉県幸手市、長野県下條村にそれぞれ1万円ずつ、合計4万円寄付したとします。すると、これらの市町村からそれぞれ5千円相当、合計2万円相当の特産品が送られてきます。そして、あとで国と自治体から税金3万8千円が戻ってきます。つまりは、たった2千円の負担で2万円の特産品がゲットできるのです。

また寄付金の額は4万円に限りません。5万円寄付しても、6万円寄付してもいいのです。5万円でも、6万円でも税金の還付がありますので、実質負担金は2千円なのです。５万円寄付すれば２万５千円相当の、６万円寄付すれば３万円相当の特産品がもらえるのです。

ただし、ふるさと納税制度では還付金に限度額があります。還付される税金は、住民税の所得割の１割が限度となっているのです。だから、いくら寄付しても、住民税所得割の１割以上は還ってこないのです。

その点に注意をしなければなりません。住民税所得割については、後ほど詳しく説明しますね。

ふるさと納税の基本的なしくみ

では、ふるさと納税の基本的なしくみについてご紹介しましょう。

ふるさと納税制度の計算方法は、以下のとおりです。

寄付金額 － ２千円 ＝ 住民税等から控除される額（還付される税金）

本当は、もっと複雑な数式が絡み合っているのですが、整理するとこういうことになります。

もし1万円の寄付をすれば、8千円の税金が戻ってくることになります。5万円寄付した場合は、4万8千円の税金が戻ってくることになります。

が、ここで注意点があります。

先ほどもいいましたように、住民税から控除される額は、住民税所得割額の1割が限度です。

住民税所得割というのは、課税所得に対して10%課せられるものです。だから、課税所得が500万円の人は、50万円の住民税所得割を払っていることになります。だから住民税所得割を50万円払っている人は、5万円が限度ということになります。

普通のサラリーマン（年収400万円程度）の場合は、住民税所得割は20万円前後です。だから、2万円くらいまで寄付できるということなのです。

自治体としても、ふるさと納税をあまり多くされてしまうと、人気のある自治体にばかり税収が集まるので、困ってしまう。だから、「ふるさと納税として認めるのは、住民税・所得割の1割だけですよ」ということなのでしょう。

つまりは、住民税のだいたい１割をふるさと納税に回すことができる、ということです。

自分がどのくらい寄付ができるのかは、43ページの図表２を参考にしてください。

ふるさと納税の限度額を知る方法

ふるさと納税制度を利用する場合、最も気になるのは、限度額ですね。

先ほども述べましたように、ふるさと納税制度の控除限度額は住民税所得割の１割です。

もしこれを超えて寄付してしまうと控除されなくなって、負担額が２千円を超えてしまいます。

たとえば、住民税所得割が30万円の人が、４万円の寄付をしたとします。この人に還付される税金は３万円なので、差し引き１万円の負担ということになります。４万円の寄付をすればだいたい２万円分の特産品をもらえますから、住民税所得割を少しばかり超えて寄付しても損はしないでしょうが、あまり超えると損をする可能性もあります。

が、自分が払っている住民税所得割の額などというのは、あまりわかりませんよね。特にサラリーマンの場合は、税金関係は会社で全部やってもらっているので、住民税の所得割がいくらか、などを知っている人は少ないと思われます。

で、自分が払っている住民税所得割の額を調べる方法をご紹介しましょう。

まずは、「住民税決定通知書」を見ることです。これは、毎年6月くらいに自治体から会社を通して送られてきます。

これには、市区町村と都道府県の住民税の内訳が記載されています。そしてこの中に、市区町村民税・所得割額という欄と、都道府県民税・所得割額という欄があります。この二つの金額を合計したものが、あなたが支払った住民税所得割の額ということになります。この住民税所得割の額の1割が、ふるさと納税寄付金の限度額ということになります。

たとえば、住民税所得割の額が32万2千円の人がいたとします。

この人の住民税所得割は以下のようになります。

32万2千円 × 10% ＝ 3万2200円 ⇧これが、ふるさと納税還付金の限度額

つまり3万2200円を目安に、ふるさと納税の寄付をすればいいのです。

また市区町村の住民税課に問い合わせて、「所得割」の額を聞いてみるという方法もあり

ます。住民税の所得割は、都道府県が4、市区町村が6の割合で分配されています。だから、市区町村の所得割額を0・6で割れば、住民税の所得割額が出てくるのです。

たとえば、市区町村の所得割が18万円だった人がいるとします。

この人の住民税所得割額（都道府県と市区町村の合計）は次のようになります。

18万円 ÷ 0・6 ＝ 30万円

住民税所得割額が30万円なので、その1割の3万円を目安に、ふるさと納税の寄付をすればいいのです。

＊住民税は、所得に対して10％課せられる「所得割」と、だれもが均等に課せられる「均等割」の合計額となります。均等割は、全国一律4千円ですが、各都道府県、各市区町村によって若干の上乗せ税がありますので、だいたい5千円前後となります。なので、住民税額から5千円を引けば、住民税所得割のだいたいの額が出てくるのです。

ふるさと納税制度の限度額の目安

前項では、源泉徴収票などから、ふるさと納税の寄付金の限度額を調べる方法をご紹介しました。

が、「市町村民税・都道府県民税・特別徴収税額の決定・変更通知書」がどこに行ったかわからない、という人もおられるでしょう。また市町村に問い合わせようにもウィークデーは仕事でそんな暇はない、という人も多いでしょう。

そういう方々のために、ふるさと納税制度の限度額のだいたいの目安をここでご紹介しておきます。

たとえば、年収500万円で、妻と子ども一人を扶養している人は、1万8千円前後まで寄付控除の限度額があるということです。だから2万円程度寄付しても、税金が1万8千円戻ってくるということになります。

ただし、ここに載せているのは、あくまでも目安であり、正確な金額ではないことをご承知おきください。

図表2 ふるさと納税制度の限度額の目安

家族形態	住民税所得割額	ふるさと寄付控除限度額
●年収300万円の人		
独　身	12万円前後	1万2,000円前後
妻を扶養	8万円前後	8,000円前後
妻と子ども1人を扶養	4万円前後	4,000円前後
妻と子ども2人を扶養	0円前後	0円前後
●年収400万円の人		
独　身	18万円前後	1万8,000円前後
妻を扶養	14万円前後	1万4,000円前後
妻と子ども1人を扶養	10万円前後	1万円前後
妻と子ども2人を扶養	6万円前後	6,000円前後
●年収500万円の人		
独　身	26万円前後	2万6,000円前後
妻を扶養	22万円前後	2万2,000円前後
妻と子ども1人を扶養	18万円前後	1万8,000円前後
妻と子ども2人を扶養	14万円前後	1万4,000円前後
●年収600万円の人		
独　身	34万円前後	3万4,000円前後
妻を扶養	30万円前後	3万円前後
妻と子ども1人を扶養	26万円前後	2万6,000円前後
妻と子ども2人を扶養	22万円前後	2万2,000円前後
●年収700万円の人		
独　身	43万円前後	4万3,000円前後
妻を扶養	39万円前後	3万9,000円前後
妻と子ども1人を扶養	35万円前後	3万5,000円前後
妻と子ども2人を扶養	31万円前後	3万1,000円前後

ふるさと納税の方法

では次にふるさと納税の具体的な方法について、ご紹介しましょう。

まずは、ふるさと納税をしたい自治体をホームページなどでチェックしましょう。

そして、その自治体に寄付をします。寄付の方法は、自治体のホームページなどに載っていますが、わからなければ直接自治体に問い合わせてみましょう。自治体は喜んで教えてくれるはずです。

入金が完了すると、自治体から特産品と、証明書が送られてきます。

この証明書と年末に会社からもらう源泉徴収票と印鑑を持って、税務署に行きましょう。

確定申告をするのです。

このときに、自分の銀行口座も控えていきましょう。税務署から還付金を振り込んでもらうための口座を申告書に記入する必要があるからです。

確定申告は、税務署のマニュアルなどを見れば、自分でできないこともありません。自分で書いて郵送するという手もあります。確定申告書の書き方は、第6章で解説しますね。

図表3 ふるさと納税の手順

ふるさと納税をしたい自治体に寄付をする
⇩
その自治体から証明書が送られてくる
⇩
その証明書と源泉徴収票と印鑑を持って、税務署で確定申告をする
⇩
所得税（国税）の控除額が銀行に振り込まれる
⇩
翌年の住民税から、ふるさと納税分の税額控除が受けられる

が、自分で書くのが面倒な人は、税務署に行ってつくってもらいましょう。証明書と源泉徴収票があれば、税務署員がすぐに確定申告書をつくってくれます。

確定申告が終われば、しばらくして、所得税の還付が受けられます。

ふるさと納税の還付金（寄付金－2千円）というのは、所得税（国税）と住民税（地方税）の両方合わせての合計額のことです。

で、まずは初めに所得税のほうが還付されるわけです。

その後、住民税が、翌年分の住民税額から控除されます。

これを簡単にいいますと、「自治体に寄付して、寄付金の証明書を持って、税務署で確定申告をすればいい」ということです。

なぜふるさと納税制度はあまり知られていないのか？

これほど得をするふるさと納税制度ですが、一般にはあまり知られていません。

メリットしかないような制度ですし、得する額も数万円とけっこう大きいものです。普通に考えればもっともっと知られていいはずです。

しかし、世間の認知度は今一つです。

マスコミも、一部の新聞や雑誌などが採り上げることはありますが、大々的に広報されることはありません。

なぜあまり知られていないのでしょうか？

これは自治体が積極的に広報しないからなのです。

このふるさと納税制度は、当初は、「寄付金－5千円」が寄付控除の額となっていました。

だから、ふるさと納税をすると、寄付した人は5千円負担しなければならなかったのです。

これでは、あまりメリットはありません。もし特産品をもらっても、5千円を負担するのですから。

が、平成24年から、寄付控除の計算が「寄付金－２千円」となりました。ふるさと納税での負担が２千円で済むことになったのです。

わずか２千円の負担で、地方の特産品を数千円分もらえる、というのだから、寄付する人のメリットは多大なものになりました。

しかし自治体全体としては、持ち出しになってしまいます。

地方の自治体では、特産品を出してでも税収を増やしたいと思っているし、そういう自治体にとっては、このふるさと納税制度はありがたいものです。

でも、ふるさと納税制度をありがたく思う自治体ばかりではありません。都心部の自治体では、むしろ税収を持っていかれる立場となります。自治体としては、実は手放しで勧められないようになってしまったのです。

なので、自治体のホームページなどでも、積極的に広報をしていないところが多いのです。

税制には、こういうことはよくあります。

国民や住民に非常に有利な制度は、あえて積極的に広報しないのです。税金は知っている者だけが得をするようにできているのです。

実は、ふるさと納税制度の他にも、国民に有利な税制度というのはたくさんあります。

保険料控除、住宅ローン控除、自動車税などでも、節税をする方法はあるのです。しかし、サラリーマンの多くはこのことを知りません。サラリーマンはいろんなところで、「知らないばっかりに余計な税金を払っている」という状態になっています。

だから、私たちは、税金のことをよくよく情報収集していないと、損をすることになるのです。

ふるさと納税でもらえる主な特産品

ではこの章の最後に、ふるさと納税をしたときにもらえる主な特産品をご紹介しておきますね。けっこういいものがありますよ。

自治体の中には、寄付金の額の割に、お得感のある特産品を用意しているところもたくさんあります。

たとえば米子市では、地元企業の協賛で、わずか3千円の寄付金で6千円相当の特産品がもらえます。

地元企業にとっても、格好の宣伝になりますからね。全国の人に自社の商品を紹介できるわけですから。これは自治体の新しい広報戦略になるかもしれませんね。

このふるさと納税制度を上手に利用する自治体が、今後、可能性のある自治体ということになるかもしれません。

特産品の内容など詳細については、各自治体のホームページをご覧ください。

図表４　ふるさと納税でもらえる主な特産品一覧

（注・２０１３年９月時点）

場所		寄付金額	特産品
北海道	釧路市	５万円以上	特産品詰め合わせ（５千円相当） ・ほっけ一夜干し、かれい一夜干し、燻とば、姫ししゃも、ふきっ娘、糠さんま、ベビーホタテ、丸水瓶詰
	芦部市	３万円以上	特産品（５千円相当）
	当別町	１万円以上	特産品詰め合わせ（５千円相当）
	利尻富士町	１万円以上	特産品（５千円相当）
	浦幌町	５千円以上	特産品４つのコースから１つ選べる

場所		寄付金額	特産品
青森県	むつ市	1万5千円以上	特産品（5千円相当） ・海峡サーモン切身セット、「関乃井酒造」地酒2本セット、いのしし鍋セット、等
	上北郡七戸町	5千円以上	特産の農産品
岩手県	二戸市	1万円以上	19個の記念品の中から1つ選べる
	九戸郡野田村	1万円以上	特産品
宮城県	気仙沼市	1万円以上	7つのコースの中から1セット（5千円相当） ・ふかひれセット、さんまセット、尼崎市物産品セット、等
	角田市	5千円以上	特産品（1500円相当）
	亘理郡亘理町	1万円以上	地場産品（2千円相当）
秋田県	南秋田郡五城目町	5千円以上	「ふるさと便」
	山本郡三種町	5千円以上	特産品
山形県	新庄市	5千円以上	10個の特産品の中から1品選べる（2500円相当） ・山形牛、新庄産米、そばセット、地酒セット、等

	東村山郡山辺町	1万円以上	15個の特産品の中から1つ選べる
	最上郡金山町	1万円以上	10個の特産品の中から1つ選べる（5千円相当） ・ふるさとクーポン、金山産米「つや姫」、「米の娘ぶた」セット、等
福島県	喜多方市	5千円以上	「きたかたの幸水と喜多方の水」の詰め合わせ（500㎖×各6本）
	東白川郡棚倉町	1万円以上	特産品
茨城県	北茨城市	5千円以上	特産品
	行方市	5千円以上	行方産野菜、等
栃木県	小山市	1万円以上	小山ブランドふるさと便（2千円相当）
群馬県	渋川市	1万円以上	特産品（3千円相当） ・うどん詰め合わせ6本セットSMK、オリジナルジャムといちごソースの詰め合わせ、あかぎ味噌（麦味噌・米味噌各2㎏）、等
埼玉県	幸手市	1万円以上	特選幸手のコシヒカリ（新米）13・5㎏（5千円相当、送料込み）
	北葛飾郡杉戸町	1万円以上	特産品

場所		寄付金額	特産品
千葉県	鴨川市	5千円以上	農産物、海産物、その他の名産物から選べる
	匝《そう》瑳《さ》市	5千円以上	特産品
東京都	狛江市	5千円以上	オリジナルのタオルハンカチ2種類と銘菓詰め合わせセット
	西多摩郡檜原村	2千円以上	特産のじゃがいもを使ったじゃがいも焼酎1本
	西多摩郡奥多摩町	5千円以上	奥多摩温泉「もえぎの湯」の無料招待券10枚
神奈川県	三浦市	1万円以上	15品の記念品から1品選べる（3千円相当） ・農家直送！ メロン、8品目の野菜セット、目鉢まぐろネギトロ・赤身セット、等
	足柄上郡山北町	1万円以上	特産品
	足柄下郡真鶴町	5千円以上	町営真鶴魚座お食事券（5千円相当）
新潟県	新潟市	1万円以上	12種類の中から1つ選べる
	阿賀野市	1万円以上	17種類の中から1つ選べる（3千円相当）
	魚沼市	5千円以上	魚沼産コシヒカリ（3kg）、堀之内産ユリ切花（5本程度）、地元清酒セット（720mℓ×2本）の中から1つ

	南蒲原郡田上町	1万円以上	特産品
富山県	氷見市	1万円以上	ふるさと氷見の特産品
	射水市	1万円以上	射水産コシヒカリ（5kg）
	中新川郡立山町	1万円以上	東谷セット、かんもちセット、はちみつセット
石川県	鳳珠郡穴水町	3万円以上	特産品
福井県	あわら市	1万円以上	特産品
	南条郡南越前町	1万円以上	特産品
	三方郡美浜町	5千円以上	特産品
山梨県	南都留郡鳴沢村	5千円以上	村営温泉「鳴沢いきやりの湯」10枚
長野県	安曇野市	1万円以上	農産物、それを原料とした加工品
	南佐久郡小海町	1万円以上	特産品（高原野菜など）
	下伊那郡松川町	5千円以上	特産品、清流苑入浴券、ごぼとん丼クーポン
	下伊那郡下條村	1万円以上	ふるさと特産品（5千円相当）
	下伊那郡豊丘村	1万円以上	ふるさと宅配便（3千円相当）

場所		寄付金額	特産品
長野県	東筑摩郡生坂村	5千円以上	村営「やまなみ荘」利用券、または「かあさん家」商品券（3千円相当）
岐阜県	関市	1万円以上	森のよろこび便
	羽島郡笠松町	5千円以上	28の特産品の中から1品
静岡県	熱海市	1万円以上	地場産品詰め合わせ
	賀茂郡南伊豆町	5千円以上	8種類の特産品の中から1セット
三重県	四日市市	5千円以上	四日市萬古焼と伊勢茶のセット、または、地場産品の詰め合わせ
	伊勢市	1万円以上	20個の特産品の中から1つ
	鳥羽市	5千円以上	乾物セット
	度会郡大紀町	5001円以上	干物、乳製品、アイスクリーム、しいたけ、お茶の中から1つ
滋賀県	高島市	1万円以上	ふるさとギフト（3千円相当） ・カタログギフトから選ぶ
	米原市	1万円以上	5つのコースの特産品の中から1点

京都府	宮津市	5千円以上	みやづふるさと産品（2千円相当）
	亀岡市	5千円以上	ふるさと特産品（2千円相当）
	城陽市	5千円以上	長期熟成純梅酒2本入りセット
	相楽郡和束町	5千円以上	和束茶
	相楽郡南山城村	5千円以上	南山城村産のお茶
	与謝郡伊根町	1万円以上	「町内での宿泊・飲食費の補助」または「ふるさと特産品」（4500円相当、送料込み）
大阪府	池田市	1万円以上	特産品（5千円相当） ・清酒「春團治」、日清食品インスタントラーメン詰め合わせ、等
	八尾市	5千円以上	八尾若ごぼう
	南河内郡千早赤阪村	1万円以上	千早赤阪村産品等詰め合わせセット、香楠荘日帰りパック補助券、香楠荘宿泊補助券（3千円相当）
兵庫県	三木市	1万円以上	19個の特産品の中から1つ
	淡路市	1万円以上	18個の特産品の中から1つ

場所		寄付金額	特産品
兵庫県	加東市	1万円以上	7個の特産品の中から1つ（5千円相当、送料込み） ・御菓子詰め合わせ、博進堂の郷土銘菓、純米大吟醸 神結720㎖、等
	赤穂郡上郡町	5千円以上	特産品
	美方郡香美町	5千円以上	5個の特産品の中から1つ（2千円相当） ・セコガニ（ズワイガニのメス）、香住干物3種セット（カレイ・ハタハタ・キス）、但馬牛肉（スライス300g）、等
奈良県	葛城市	1万円以上	特産品（5千円相当）
	宇陀市	5千円以上	クーポン券（3千円分）
	宇陀郡御杖村	6千円以上	御杖村産のおいしいコシヒカリ8㎏（4千円相当）
和歌山県	海南市	1万円以上	6個の特産品の中から1つ
	伊都郡 かつらぎ町	1万円以上	10個の特産品の中から1つ
	有田郡湯浅町	1万円以上	特産品（5千円相当） ・醤油・味噌セット、柑橘セット、海産物セット

鳥取県	米子市	3千円以上	地元企業協賛品詰め合わせ
	岩美郡岩美町	5千円以上	ふるさと岩美の味詰め合わせセット
	西伯郡日吉津村	1万円以上	記念品（2千円相当） ・ふるさとお米セット、ふるさと野菜の詰め合わせ、かりんとうセット、等
	西伯郡伯耆町	5千円以上	お米（ミルキークイーン）3kg
島根県	浜田市	1万円以上	27個の商品の中から1品（5千円相当、送料込み） ・のどぐろ一夜干し、カレイとイカの干物、等
	江津市	5千円以上	10個の商品の中から1品
	飯石郡飯南町	1万円以上	特産品（5千円相当）、または、森のホテル「もりのす」の宿泊割引券（5千円） ・赤名酒造の清酒セット、奥出雲和牛、いのししセット、等
岡山県	勝田郡奈義町	5千円以上	ふるさと特産便
広島県	世羅郡世羅町	1万円以上	世羅町特産品
山口県	美祢市	1万円以上	6個の特産品の中から1つと秋芳洞・大正洞・景清洞三洞入洞券

場所		寄付金額	特産品
徳島県	小松島市	1万円以上	「こまつしまふるさとパック」（5千円程度、送料込み）と「市の広報」
香川県	小豆郡小豆島町	5千円以上	オリーブの苗木2本、または、「町広報しょうどしま」を1年間
愛媛県	宇和島市	1万円以上	シルバーコースから1つ選べる（5千円相当） ・真珠ペンダントトップ、じゃこ天蒲鉾詰め合わせ、みかん、等
高知県	安芸郡北川村	5千円以上	「ふるさと特産品」または、北川村内への旅行の際の宿泊費の補助
福岡県	糟屋郡宇美町	2千円以上	図書カード（500円）
	朝倉郡筑前町	1万円以上	10個の特産品の中から1つ
佐賀県	東松浦郡玄海町	5千円以上	12個の特産品の中から1つ
	西松浦郡有田町	5千円以上	特産品（やきもの、農産物など）
長崎県	南松浦郡新上五島町	1万円以上	5個の特産品の中から1つ

熊本県	菊池市	1万円以上	特産品（3千円相当）
大分県	玖珠郡玖珠町	1万円以上	玖珠のふるさと詰め合わせ（3千円相当）
宮崎県	小林市	5千円以上	5個の商品の中から1つ
	東諸県郡綾町	1万円以上	特産品（5千円相当） ・綾牛ステーキ、鳥のささみくんせい、完熟マンゴー、等
鹿児島県	伊佐市	1万円以上	3つのセットの中から1つ
沖縄県	島尻郡座間味村	1万円以上	特産品セット（もずく麺（乾麺）、ローゼルジャム、マドレーヌ、ぐしちゃー（ススキ）ホウキ、ギンネムストラップなど）、または、船舶割引券（5千円）

第2章

あなたは一体いくら税金を払っているのか？

自分がいくら税金を払っているか知っていますか?

本書は、サラリーマンの皆さんの税金を安くする方法をご紹介するものです。

しかし、税金を安くするといっても、サラリーマンには今一つピンと来ない部分があるのではないでしょうか?

サラリーマンの税金というのは、基本的に会社が全部手続きをしてくれます。なので、サラリーマンの大半は、自分が一体どのくらい税金を払っているのか、ご存じゃないように思われます。

実際に、筆者が出版社の編集者と話をしても、自分がどのくらい税金を払っているかを把握している人はほとんどいません。

筆者の税金本をたくさん担当している編集者でもそうです。

自分がどのくらい税金を払っているのか知らないことには、税金を安くしようという気にもならないと思われます。

今の日本ではサラリーマンはけっこう高い税金、社会保険料を払わせられています。筆者などから見れば、なぜサラリーマンはこんなに高い税金、社会保険料を黙って払っているんだろう、と不思議に思うこともあります。

おそらく、それはサラリーマンの皆さんが、自分が一体いくらくらいの税金、社会保険料を払っているのか知らないからだと思われます。自分が払っている税金、社会保険料の額を知れば、かなり腹が立つでしょうし、節税しようという気持ちにもなるはずです。

考えてもみてください。

給料というのは、会社が増やしてくれないことには、自分の意志で増やしたりはできません。

しかし、税金というのは、自分の意志である程度減らすことができるのです。だから自分のお金を増やすための最も手っ取り早い方法は、税金を安くすることです。

なので、まずはこの章で、あなたが一体どのくらい税金を払っているのかということをご説明したいと思います。

もし「そんなことはもうわかっている」という方や、「そんなことはどうでもいい、早く節税のやり方を教えろ」という方がいらっしゃったら、この章は読み飛ばして、次章に進んでください。

この章は、ちょっと数字がたくさん出てきますし、数字が苦手な方には、かなり面倒くさい内容になっていますので。

源泉徴収票って何?

サラリーマンの場合、自分の税金の情報がすべて詰め込まれている紙があります。

そうです。源泉徴収票です。

サラリーマンが、自分の収入やら払っている税金のことを知ろうと思えば、源泉徴収票の見方を知るのが、最も手っ取り早いのです。

が、源泉徴収票の見方って、ほとんどのサラリーマンはわかりませんよね?

「給与所得控除」とか「所得控除」とか、なんだかよくわからない単語が並べられていて、会計の専門家にしかわからないようなイメージがありますよね?

でも、コツさえつかめばそう難しいものではありません。

源泉徴収票というのは、基本的に小遣い帳と同じようなものです。

最初に、お小遣い(会社からもらったお金)の額が記されて、そこから、差し引かれるお金のことがいろいろ明記されているわけです。

慣れさえすればなんてことはない単純な計算表です。

また源泉徴収票は、サラリーマンが税務署で確定申告をするときには必ず持っていかなければならないものでもあり、節税においての必須アイテムです。

なので、まずは源泉徴収票の見方をご説明したいと思います。

「支払金額」とは？

では、実際に源泉徴収票を見ながら、記載されている項目を一つずつ説明していきたいと思います。

できたら、ご自分の源泉徴収票を用意してください。手元になければ、図表5の見本を見ながらで構いません。

まずは、上から見ていきますね。

名前のすぐ下の段の左に「支払金額」というのがあります。

これは何かというと、会社があなたに支払ったお金の総額のことです。つまりは、あなたの「額面での給料」のことです。

ご自分の源泉徴収票を見たとき、この欄の金額は、けっこう大きいと思いませんか？

それもそのはずです。

いつもあなたの銀行口座に振り込まれている金額よりは、かなり大きくなっているはずです。銀行口座に振り込まれる額というのは、この額面の給料から、税金、社会保険料などが

氏名	
	(受給者番号)
	(フリガナ) コ ムラ コ タ ロウ
	(役 職 名) 小村 小太郎

所得控除の額の合計額	源泉徴収税額
円 1 200 000	内 円 272 700

社会保険料等の金額	生命保険料の控除額	地震保険料の控除額	住宅借入金等特別控除の額
内 円 400000	円 40 000	円	円

		介護医療保険料の金額	円
配偶者の合計所得	円	新個人年金保険料の金額	円
新生命保険料の金額	円	旧個人年金保険料の金額	円
旧生命保険料の金額	円	旧長期損害保険料の金額	円

中途就・退職					受給者生年月日						
就職	退職	年	月	日	明	大	昭	平	年	月	日

図表５　源泉徴収票の見本

平成25年分　給与所得の源泉徴収票

支払いを受ける者	住所又は居所	**東京都中央区京橋２丁目８番７号**

種　別	支払金額	給与所得控除後の金額
給与・賞与	内 **6 000 000** 円	**4 260 000** 円

控除対象配偶者の有無等					配偶者特別控除の額	控除対象扶養親族の数（配偶者を除く）						障害者の数（本人を除く）	
				老人		特定		老人		その他		特別	その他
有	無	従有	従無		円	人	従人	内　人	従人	人	従人	内　人	人
＊													

（摘要）住宅控除可能額　円　国民年金保険料等　円

16歳未満扶養親族	未成年者	外国人	死亡退職	災害者	乙欄	本人が障害者		寡婦		寡夫	勤労学生
						特別	その他	一般	特別		

支払者	住所（居所）又は所在地	**東京都中央区京橋２丁目８番７号**
	氏名又は名称	**株式会社中央公論新社**

署番号		整理番号	

受給者交付用

差し引かれたあとのものなのです。

この欄は、あなたの本当の給料の額です。これを見れば、税金、社会保険料が、けっこう引かれているのがわかるはずです。

「給与所得控除後の金額」とは？

「支払金額」の右横に、「給与所得控除後の金額」という欄があります。

給与所得控除ってわかりにくいですよね？

これには、ちょっと説明が必要ですね。

サラリーマンには、「給与所得控除」という制度があります。

これは何かというと、自営業者などの場合は、収入からいろんな経費を差し引いて、その残額に対して税金が課せられますが、サラリーマンの場合は、収入に直接税金が課せられます。

それではサラリーマンがかわいそうなので、収入に対して一定の割合で経費的なものを認めましょう、という制度をつくったのです。その経費的なものというのが、「給与所得控

図表６　給与所得控除の額の計算式

給与等の収入金額（給与所得の源泉徴収票の支払金額）	給与所得控除額
180万円以下	収入金額 × 40% 65万円に満たない場合には65万円
180万円超360万円以下	収入金額 × 30% ＋ 18万円
360万円超660万円以下	収入金額 × 20% ＋ 54万円
660万円超1,000万円以下	収入金額 × 10% ＋ 120万円
1,000万円超1,500万円以下	収入金額 × ５% ＋ 170万円
1,500万円超	245万円（上限）

除」なのです。

つまり、サラリーマンの税金は、

支払金額 － 給与所得控除額 ＝ 所得金額

ということになっているのです。

給与所得控除額というのは、図表６の計算式で求められます。

たとえば給料が５００万円の人の給与所得控除は、５００万円×20%＋54万円なので、１５４万円となります。

つまり、５００万円から１５４万円を引いた残額の３４６万円が、この人の「給与所得控除後の金額」ということになるのです。

「所得控除の額の合計額」とは？

「給与所得控除後の金額」の右横に、「所得控除の額の合計額」という欄があります。これはその名のとおり、「所得控除の額の合計額」を記載する欄です。

所得税、住民税には所得控除というものが、あります。

これは、扶養している配偶者がいる場合には「配偶者控除」、扶養している家族がいる場合には「扶養控除」などという控除を設けて、税金の掛かる所得から差し引いてあげましょう、というものです。

所得控除の詳しい内容は、次ページから説明します。

で、この所得控除には、配偶者控除、扶養控除の他にも、社会保険料控除、生命保険料控除などたくさんの種類があるわけです。その所得控除を全部合計した金額をここに記載するわけです。

「源泉徴収税額」とは？

「所得控除の額の合計額」の右横に、「源泉徴収税額」という欄があります。

この「源泉徴収税額」というのは、あなたの所得税額のことであり、会社から源泉徴収された金額のことです。

サラリーマンの税金のしくみを簡単にいいますと、収入からまず「給与所得控除」を差し引きます。その残額から扶養控除などの各種の「所得控除」を差し引き、残った額に税率を掛けたものが税金となるのです。

所得控除の内容記載欄

「源泉徴収税額」などの下の段には、所得控除の内容が記載されています。

左から簡単に説明しますね。

「控除対象配偶者の有無等」

配偶者控除を受ける配偶者がいるかどうかを記載する欄です。いる場合は、「有」にチェックが入っています。

「配偶者特別控除の額」

配偶者特別控除を受けている場合に、その金額を記載する欄です。配偶者特別控除というのは、配偶者の合計所得金額が38万円以上76万円未満（給与所得者は１０３万円以上１４１万円未満）のため配偶者控除は受けられないけれど、一定の金額を控除しますよ、という制度です。

「控除対象扶養親族の数（配偶者を除く）」

扶養控除の対象となっている家族（親族）の数を記載する欄です。この中の「特定」というのは、「特定扶養親族」のことで19歳以上23歳未満の扶養親族のことです。「老人」というのは、70歳以上の扶養親族のことです。

「障害者の数」

障害者控除の対象となっている親族などの人数を記載する欄です。この中の「特別」というのは、障害者手帳の1級と2級の人、精神障害者保健福祉手帳1級の人などが該当します。

「社会保険料等の金額」

一年間に支払った社会保険料の額の合計が記載されています。ここに記載されているのは、会社が天引きした社会保険料だけです。自分が別個に家族の社会保険料などを支払っている場合は、その金額は含まれません（詳しくは後述）。

「生命保険料の控除額」

生命保険料控除を受けている場合は、その額が記載されています。

「地震保険料の控除額」

地震保険料控除を受けている場合は、その額が記載されています。

「住宅借入金等特別控除の額」

いわゆる住宅ローン控除を受けている場合は、その額が記載されています。

以上で、源泉徴収票の見方の説明は終わりです。

それほど難しくはないでしょう？

年収500万円、妻と子ども一人の場合、100万円の税金を払っている

源泉徴収票の見方をだいたい会得したところで、次にあなたは一体いくら税金を払っているのか、具体的にご説明していきましょう。

年収500万円で、妻と子ども一人（小学生）を養っている中公太郎さんを例にとります。

現在サラリーマンの平均年収は450万円程度なので、中公太郎さんの家庭はだいたい平均的な日本人家庭ということになるでしょう。

で、税金というのは細かい計算がいろいろあるのですが、まずは結論を先に申しましょう。

年収500万円で、妻と子ども一人（小学生）を養っている人の税金（社会保険料を含

む）は１００万４５００円になります。

つまり、収入のだいたい20％を税金に取られているということです。

この税金というのは、収入から直接差し引かれるものだけです。これに消費税や自動車税、ガソリン税などもあります。これらの負担を考慮すると、35％から40％の税金を支払っていることになります。

それにしても妻子がいる割には、20％の税負担は大きいですよね。日本では、平均所得者の税負担というのは、実は先進国で最も高い部類なのです。

もちろん独身者の場合は、もっと高くなります。年収５００万円の独身のサラリーマンは、１０７万５５００円になります。妻子持ちよりも、７万１千円高くなるわけです。

図表７　中公太郎さん（年収500万円、妻と子ども一人を養うサラリーマン）の税金

所得税	10万4,000円
住民税	21万5,500円
社会保険料	68万5,000円
合計	100万4,500円

＊サラリーマンの社会保険料の本人負担額の平均値13.7％（家計調査）を用いています

所得税の計算方法

では次に、この中公太郎さん（年収５００万円、妻子持ち）

の各税金の内訳を見ていきましょう。

まずは所得税から。

サラリーマンが天引きされている税金には、所得税と住民税の二つがあります。そのうち所得税というのは、国の税金、つまり国税です。この所得税は、所得の額によって税率が上がっていく「累進課税」を採っています。

で、サラリーマンの所得税は、年収から各種の〝所得控除〟を差し引き、その残額に税率を掛けて算出されます。

計算式は、図表8のようになります。

年収500万円から各種の所得控除を差し引いたら、残額は201万5千円になります。

この201万5千円に税率を掛けたものが、所得税額になるわけです。税率は、図表9のように所得に応じて5〜40%まで段階的に設定されています。課税所得に税率を掛けて、税率表の右端の控除額を差し引けば、所得税額が算出されます。

この年収500万円（課税所得201万5千円）の中公太郎さんの税率は10%で、控除額が9万7500円です。

ちょっとわかりにくいですか？

図表８　中公太郎さん（年収500万円、妻子持ち）の所得税の計算

年　収	500万円
給与所得者控除	－154万円
配偶者控除	－38万円
基礎控除	－38万円
社会保険料控除	－68万5,000円
	201万5,000円　⇦これが課税所得

[課税所得]		[税率]		[控除額]		[所得税額]
201万5,000円	×	10%	－	９万7,500円	＝	10万4,000円

図表９　所得税の税率と控除額

課税される所得金額	税率	控除額
195万円以下	５%	0円
195万円を超え　330万円以下	10%	9万7,500円
330万円を超え　695万円以下	20%	42万7,500円
695万円を超え　900万円以下	23%	63万6,000円
900万円を超え　1,800万円以下	33%	153万6,000円
1,800万円超	40%	279万6,000円

まあ、今の段階では、それほど明確にわからなくても構いません。

とにかく、この年収500万円、妻子持ちの中公太郎さんの所得税が、10万4千円になっている、ということをお知りおきください。

住民税って何？

先ほど、年収500万円の場合は所得税10万4千円と説明しましたが、「10万4千円ならば安いなあ」と思った人も多いかもしれません。

でも、税金はこれだけではありません。

これに、住民税が課せられるのです。

税金というのは、国税と地方税の二種類があります。国税というのは、国の財源として徴収される税金で、地方税というのは、都道府県や市区町村の財源として徴収される税金です。

先ほど紹介した所得税は、国税です。

そして今から紹介する住民税というのは、都道府県や市区町村の税金です。

住民税は、二つの方法で徴収されます。

図表10　中公太郎さん（年収500万円、妻子持ち）の住民税の計算

年収	500万円
給与所得者控除	－154万円
配偶者控除	－33万円
基礎控除	－33万円
社会保険料控除	－68万5,000円
	211万5,000円　⇦これが課税所得

211万5,000円 × 10% ＝ **21万1,500円**　⇦これが所得割

［所得割］21万1,500円 ＋［均等割］4,000円 ＝ **21万5,500円**
⇧
これが住民税の額

一つは所得割という方法です。

所得割というのは、課税所得に対して一律10％が課せられる税金のことです。そしてこの10％の税金のうち、6％が市区町村に、4％が都道府県に分配されるのです。

住民税所得割も、所得税の計算と同じように、収入から各種の所得控除を差し引いた残額（課税所得）に税率10％が課せられるわけです。ここでちょっと注意しなければならない点があります。

住民税と所得税とでは、所得控除の額が若干違うということです。

所得税の場合、配偶者控除は38万円ですが、住民税では33万円です。所得控除の額が少ないということは、課税される所得が若干大きくなるということです。

そして住民税には、もう一つ均等割という徴収方法があります。これはだれもが同額の税金を払うもので、自治体によって若干金額が違いますが、だいたい4千～5千円です。

で、中公太郎さん（年収500万円、妻子持ち）の住民税の計算は図表10のようになります。

課税対象となる所得は、211万5千円です。住民税の税率は一律10％ですので、211万5千円の10％で21万1500円。これに、先ほど述べた均等割があります。均等割を4千円として、合計して21万5500円、これが住民税です。

なぜ年末調整で税金が戻ってくるのか？

サラリーマンにとって「年末調整」というのは、うれしいものではないでしょうか？

「年末調整」では、年末に若干お金が還ってくるので、臨時ボーナス的な感じに思っている方も多いのではないでしょうか？

かくいう私も、公務員をやっているときには、年末調整はうれしいものでした。

が、この年末調整、別に国ががんばっているサラリーマンのために、特別ボーナスを支給しているわけではありません。あなたが納めすぎた税金を、返しているだけなのです。つまり、年末調整で戻ってきたお金というのは、元からあなたのお金だったのです。

年末調整も今一つわかりにくいものなので、ここで簡単にご説明しましょう。

サラリーマンは、毎月の給料から源泉徴収されています。

これは、確定した額を引いているのではなく、このくらいの収入の人はだいたいこのくらいの税金になるだろうという見越しでつくられた「税額表」を基にして引かれているのです。

しかし、この「税額表」に表示されている源泉徴収額というのは、実際の税額よりも多くなりがちなのです。税額表というのは、あとで税金の取りはぐれがないように少し多めに設定されているのです。そして、取りすぎた分は、「年末調整」で返すことになっているのです。

たとえば、年収５００万円で妻と子ども二人を扶養している人は、だいたい毎月１万円程度を源泉徴収されています。年間にすると十数万円になります。

しかし、この人の本来の所得税は10万円足らずです。

だから年末調整で、差額が還付されることになります。

このようにサラリーマンの毎月の源泉徴収額というのは、取りすぎている場合が多いのです。

定年退職者や中途退職者の多くは税金を払いすぎている

前項で紹介したように、年末調整というのは、年間を通したサラリーマンの税金を確定させ、これまで源泉徴収された税金との差額を調整するという機能を持っています。が、サラリーマンの中には、年末調整を受けられない人もいます。

定年退職した人や、中途退職した人です。

彼らは税金を納めすぎになっている可能性があり、確定申告をすれば還付されるかもしれないのです。

これって、サラリーマンにとってかなり大きい問題だと思われるんですが、国税庁はほとんど広報していません。取るときはしっかり取るけれど、取りすぎた分はいわれないと返さない、という国税の体質が、こういうところに如実に表れていますね。でも文句を言っているだけでは納めすぎた税金は戻ってこないので、税金還付を受ける方法をご紹介しますね。

で、定年退職した人、中途退職した人の税金が納めすぎになっているかどうかは、条件によって変わってきますので、条件ごとに説明していきましょう。

まず、退職した年の内に再就職していない人（もしくはアルバイト程度の仕事しかしていない人）は、ほぼ１００％税金の納めすぎになっています。

それはこういうことです。

３月31日付で退職した人が、その年は再就職しなかったとします。

１月から３月までは、毎月40万円の給料をもらっていました。扶養しているのは奥さんだけです。この人は毎月1万３２７０円を源泉徴収されていました。ということは、３月までに3万９８１０円源泉徴収されていることになります（便宜上、社会保険料は加味していません）。

しかし、この年の給料は年間１２０万円程度なので、本来税金は掛かってこないはずです。この人は退職金ももらっていますが、退職金の税金は別に計算されるので、この年の収入はあくまで給料としてもらった１２０万円だけということになるのです。にもかかわらず、３万９８１０円も税金が徴収されているのです。

なんでこんなにたくさん源泉徴収されているかというと、毎月源泉徴収される金額は、１年間ずっとその給料がもらえると想定して決められているからです。つまり、この人の場合だと、月40万円を1年間だから、年間480万円の収入になるだろうと仮定して、毎月の源泉徴収額が定められているのです。

この本来払わなくていいはずの税金は、確定申告をしなければ戻ってきません。退職したその年のうちに再就職していない人は、多かれ少なかれほとんどがこのケースです。なので、こういう方は前の会社の源泉徴収票を持って、確定申告に行きましょう。

次に、退職した年の内に再就職をした人。この場合、二つの可能性があります。

まず一つは、再就職先の会社が、前の会社の分も含めて年末調整をしてくれている場合。その場合は、税金は納めすぎにはなっていません。

もう一つの可能性は、再就職先の会社が、前の会社の分は含めずに、自社が払った給料の分だけで年末調整をしている場合。この場合は、税金の納めすぎになっている可能性が高いです。

本来は、再就職先の会社は、前の会社の給料分も含めて年末調整をしなくてはならないのですが、時々それをしてくれないことがあるんです。同じ会社に嘱託で再就職したようなときはほとんどありませんが、大企業から中小企業に再就職したときなどには時々あるパターンです。そういう場合、前の会社で源泉徴収されている分については放置されていますので、税金が還付される可能性が高いのです。

前の会社の分と通算されているかどうかは、源泉徴収票を見ればわかります。給与の総額に、前の会社の分が加算されていればＯＫ、再就職先の会社の分だけしか記載されていなければ還付、ということになるのです。

たとえば、前の会社で1月から3月まで２００万円の給料をもらっていて、再就職した会社では5月から12月まで３００万円もらった人がいるとします。前の会社の分を合算して年末調整されていれば、「支払金額」の欄には５００万円と記載されているはずです。でも「３００万円」と記載されていれば、合算されていないことになりますので、確定申告をする必要が出てきます。

もしわからなければ、再就職先の会社に尋ねてみてください。

「前の会社の分も通算して、年末調整されていますか」

と。それで、だいたい解決するはずです。前の会社の分は通算していない、ということであれば、前の会社と今の会社の二つの源泉徴収票を持って、確定申告に行きましょう。

フリーター、派遣社員の大半は税金を払いすぎている

これもあまり知られていませんが、フリーター、派遣社員の大半も税金の払いすぎになっています。定年退職者の多くが税金の納めすぎになっているのと、同じ理屈です。

むしろ、フリーター、派遣社員のほうが、中途退職よりも税金の過払いはひどいことになっているケースが多いようです。

昨今では、短期アルバイトや日払いの仕事でも、企業側は源泉徴収するようになっています。そして先ほども述べましたように、源泉徴収された税金は、年末調整ですべて清算されるのです。

フリーターや年間を通して働いていない派遣社員の人たちは、年末調整されていないことがほとんどです（年間を通して働いている派遣社員は、働いている期間中に年末を迎えれば、年末調整されている可能性が高いですが）。

そのため、フリーターや年間を通して働いていない派遣社員は、税金の納めすぎの状態になっているのです。

しかも、フリーターなどの場合は、さらに悪い条件があります。

実は給料の源泉徴収には、「甲」と「乙」の二つの種類があります。「甲」は源泉徴収額が少なく、「乙」は高くなっているのです。

「甲」と「乙」の違いというのは、「扶養控除等申告書」という書類を会社に提出したかどうかです。提出した人は源泉徴収額が少ない「甲」になるのですが、提出していない人は、源泉徴収額が高い「乙」となります。

たとえば、月給30万円をもらっている人（妻と16歳以上の子ども一人を扶養）の場合、「甲」の方法では毎月の源泉徴収額は５１３０円で済みます。しかし、「乙」の方法では５万２９００円も源泉徴収されるのです。

「扶養控除等申告書」というのは、扶養する家族の数などを申告する書類です。扶養する家族の数がわかれば税金の額もだいたい推測がつくので、実態に近い源泉徴収額になるのです。でも、「扶養控除等申告書」を提出していない場合は、扶養する家族の数などがわからないので、実際よりもかなり多めに源泉徴収されるのです。

で、普通のサラリーマンは、「扶養控除等申告書」を会社に提出するものですが、アルバイトや年間を通して働いていない派遣社員の場合はほとんど提出しないので、かなり多めに源泉徴収されているのです。しかし、確定申告をすれば、かなりの確率で税金が戻ってきます。

半年くらいアルバイトをしている人ならば、1週間分のバイト料くらいは、戻ってくるでしょう。面倒くさがらずに、確定申告をするべきでしょう。

ただし、確定申告をするには、源泉徴収票が必要です。なので、源泉徴収票は必ず取っておきましょう（会社にいえば、再発行してくれないこともないですが、面倒くさいと思われるので）。

サラリーマンには関係ないかもしれませんが、奥さんやお母さんがパートをしていたり、ご兄弟や子どもさんがアルバイトをしているような場合は、ぜひご注意を。

第3章 サラリーマンの節税スキーム

サラリーマンでも節税できる！

「サラリーマンは節税の方法がない」

こういうことがよくいわれます。

サラリーマンの税金は、会社が給料から天引きするので、節税の方法などない、ということです。

しかしこれはまったくのウソです。

あまり知られていないだけであって、サラリーマンにも節税の方法はたくさんあります。

サラリーマンの税金は次のようになっています。

課税対象額（税金の掛かる所得） × 税率 ＝ 税金

この図式を見ていただければわかるように、税金は課税所得に税率を掛けたものです。だから、課税所得を減らせば節税ができるのです。

「課税所得を減らせばいいといっても、課税所得の額は決まっているんだから、減らしようがないだろう」

と思った人もいるでしょう。

しかし、そうではないのです。

実は課税対象というのは、給料そのものではありません。

給料そのものに税金を掛ければ、家族をたくさん養っている人と、独身などの人の税負担が同じになってしまいます。それでは、家族を養っている人の負担が大きすぎるだろう、ということで、さまざまな「所得控除」を設けています。

たとえば、家族を扶養している人が受けられる「扶養控除」、生命保険に加入している人が受けられる「生命保険料控除」などです。

で、給料からさまざまな所得控除額を差し引いた残額が課税対象となるのです。

だから、課税対象額というのは、ある程度、自分の意志で増減することができるのです。

で、課税対象額を減らすにはどうすればいいか？

課税対象額というのは、次のような算式で求められます。

給料 － 給与所得控除 － いろんな所得控除 ＝ 課税対象額（税金の掛かる所得）

⇧ この額は一定　⇧ この額は任意で増減できる

つまり、いろんな所得控除を増やすことによって、税金を安くすることができるのです。

祖父母の兄弟でも扶養控除に入れることができる

では具体的に、所得控除を増やす方法をご紹介していきましょう。

まず最初に覚えていただきたいのが「扶養控除」です。

扶養控除は、ご存じの方も多いと思われますが、扶養している家族がいる人が受けられる所得控除です。

扶養している親族一人あたり38万円を、所得から控除できます（扶養親族の年齢により若

図表11　所得税率10％の人（だいたい年収400万～500万円）の扶養控除１人あたりの節税額

［所得税の扶養控除額］38万円 ×10％ ＝	３万8,000円
［住民税の扶養控除額］33万円 ×10％ ＝	３万3,000円
合計	**７万1,000円** ⇧これが節税額

干の上乗せがあります）。

38万円の所得控除というとけっこう大きいです。

所得税率が10％の人の場合は、扶養控除一人につき３万８千円の節税になります。これに住民税の分が加わりますので、合計７万１千円の節税になります。所得税率20％の人ならば、11万円程度の節税になります。

つまり、扶養控除を一人増やせば、だいたい７万円以上もの節税になるのです。

で、扶養控除というのは、世間に誤解されている点が多々あります。

その一つが、扶養の範囲です。

扶養控除に入れられる家族というのは、実はけっこう広い範囲なのです。

税法では６親等以内の血族もしくは３親等以内の姻族ということになっています。

６親等以内の血族ということは、自分の親族であれば従兄弟の子どもや、祖父母の兄弟でも扶養に入れることができるのです。また、3親等以内の姻族ということは、妻の叔父叔母でも入れることができるのです。

40歳の息子でも扶養に入れることができる

「扶養控除を増やすなんてできるわけないだろう」と思っている人も多いでしょう。

もちろん、扶養控除というのは、「扶養している家族」がいる人に適用されるものであり、扶養している家族は勝手に増やせるものではありません。

でも、前述しましたように、この扶養控除に関して世間的に誤解されている部分も多く、本来は扶養に入れられるのに入れていないケースが非常に多いのです。

扶養控除の定義では、扶養控除に入れられる家族というのは「扶養していること」「生計を一にしていること」が条件になっています。

でも、この「扶養していること」というのは、税法上、具体的な定義はありません。「金銭的にいくら以上援助していれば、扶養していること」などという縛りはないのです。だから、面倒を見ていれば扶養しているということなのです。

たとえば、こういうケースはないでしょうか？

実家から会社に通っている独身者で、実家にある程度のお金を入れている方ってけっこういますよね？　そういう方の中には、自分の両親などが、定年やリストラで職を失っているケースもあるはずです。

そういう方は、職を失っている両親などを扶養に入れられる可能性が高いのです。

またこういうケースもあります。

18歳で一度就職して家を出た子どもが、1年足らずで戻ってきたとします。

そして何年間も定職につかず、アルバイトなどをしているような場合。現代の日本社会では、よくある風景でしょう？

この場合、その子どもは扶養に入れることができるのです。

子どもの場合、大学を卒業する年齢になったり、一回就職して扶養からはずれたら、もう扶養には入れられないんじゃないかと勘違いしている人もいるようですが、そうではありません。扶養控除に年齢制限はありませんし、一回扶養からはずれた子どもはもう扶養に入れられないなどという規定もないのです。養ってさえいれば、何歳であっても扶養に入れられるのです。たとえば40歳の息子であっても、扶養しているのであれば扶養控除に入れることができます。

昨今では、30歳をすぎて家でブラブラしているフリーターやニートが増えていますが、このような子どもたちも扶養控除に入れてまったく差しつかえないのです。離婚して出戻ってきた娘なども、もちろん入れることができます。

同居していない老親を扶養に入れることもできる

扶養控除の大きな誤解に、「同居している家族しか扶養控除の対象にならない」というのがあります。

世間では、扶養控除というと「同居している家族のみが対象になる」と思っている人も多いようですが、実はそうではないのです。

離れて暮らしていても、一定の要件を満たしていれば扶養家族とすることができます。

一定の要件というのは、先ほどもいいましたように、「扶養していること」「生計を一にしていること」です。

しかし、これは必ずしも一緒に暮らしている必要はないのです。

というのも、扶養控除にはわざわざ「同居老親等」という特別枠が設けられています。「同居老親」とは、70歳以上の親と同居している場合、普通の扶養控除よりも20万円上乗せの扶養控除を認める、という制度です。

「扶養控除では同居老親に上乗せ額がある」ということは、逆にいえば別居していても扶養に入れられるということでもあります。

別居している親を自分の扶養に入れている人はいくらでもいるし、税務署がそれをとがめることもほとんどありません。

というより、税務署員自体が、この扶養控除を最大限に活用しています。

税務署員の周囲に、だれの扶養にも入っていない親族がいれば、自分の扶養に入れてしまっているケースは非常に多いのです。

「生計を一にする」という定義も、かなりあいまいなもので、いくら以上のお金を出していなければならない、というような法的な定めはないのです。実際には、ほとんど金銭的な援助などは行っていないのに、「扶養」としているケースもかなりあります。

自分の両親が無収入で、だれの扶養にも入っていないのであれば、自分の扶養に入れて控除を受けることが可能なのです。

扶養対象者に多少の援助をしていて、いざというときに面倒を見なければならない立場であれば、十分に扶養控除に入れる資格はあるといえるのです。

たとえば、親は老人ホームに入っていて、入所料はほぼ年金で賄えるけれど、親のお金の管理はすべて自分が行い、年金で足りない分を補っている。そういう場合も、親を扶養に入れる資格は十分にあるといえます。

「田舎に老親がいるけれど、老親には年金収入があるからダメだ」

と思った方、ちょっとお待ちください。

年金収入があっても、税法上の定義で扶養控除に入れられるケースも多々あるのです。

公的年金収入者の場合、65歳以上の人は、年金収入が158万円以下であれば、扶養に入れることができるのです（65歳未満の方の場合は、108万円以下）。たとえば、74歳の父と、73歳の母が、それぞれ150万円ずつ年金を受け取っているとします。夫婦合計で300万円です。でも、彼ら一人一人の年金は158万円以下なので、両親を二人とも扶養に入れられる可能性があるのです。

また父親が先に亡くなって、母親は遺族年金で暮らしている、というようなケースはよくありますが、この場合も、扶養控除に入れられる可能性があります。遺族年金は税法上の所得としてはカウントされませんので、無収入という扱いになるのです。

ただし気をつけなくてはならないのが、兄弟で共同して老親の面倒を見ているようなケースです。この場合、扶養控除を使えるのは兄弟のうちのだれか一人だけ、ということになります。一人の扶養家族につき、扶養控除を使えるのは一人に限られるので、兄弟で重複して扶養控除を使うことはできません。

子どもの扶養を夫婦で分散しよう

共働きをしている夫婦は、子ども（16歳以上）の扶養に関して、ちょっと気をつけなくてはならない点があります。

なんの疑問も持たずに、子どもを全部夫の扶養に入れてしまっている夫婦も多いようですが、これは非常に損をしていることが多いのです。

扶養控除というのは、扶養している人の収入から控除されるという建前になっています。別に世帯主の収入から控除しなければならない、ということはないのです。夫婦共働きの場合、子どもの扶養を分散しても、なんら問題はないのです。

所得に掛かる税金は、所得が高くなるほど税率が上がるしくみになっています。そのため、夫婦共働きの場合は、なるべく夫婦の所得が均等になるようにするのが節税のポイントです。

子ども一人の場合は、単純に収入の多いほうの扶養に入れるとよいでしょう。子ども二人で、夫婦の収入がほぼ同じ（40万円以上の差がない）場合は、分散して扶養すると節税になります。

所得税の税率が高くなるのは、普通のサラリーマンならば年収300万円前後と、年収500万円前後です。もし、夫婦ともに500万円程度の収入を得ていて、夫が子どもの二人の扶養控除をしていた場合、夫の税率は1割、妻の税率は2割、ということになる場合もあるのです。

リストラ失業中の夫は妻の扶養に入れよう

昨今では、会社が倒産したり、リストラなどで職を失ったりするケースも少なくありません。そういう場合、もし配偶者（妻か夫）が働いていて収入がある場合は、迷わず配偶者の扶養に入りましょう。

誤解されることも多いのですが、配偶者控除、配偶者特別控除というのは、妻だけが受けられるものではありません。

妻が働き、夫が〝主夫〟をしている場合も受けられるのです。

また社会保険にも、夫を扶養に入れて、自分の社会保険に入れるべきでしょう。

夫が沽券《こけん》にかかわるからといって、妻の社会保険に入らずに、自分で国民健康保険や国民年金に入ったりしては非常に損です。

サラリーマンの厚生年金は、一人分の保険料で夫婦二人分をもらえる資格が生じるものです。これは、妻の厚生年金に夫を入れた場合も同様です。この有利な制度を使わない手はないのです。

また失業保険を受給中であっても、失業保険は所得ではないので、扶養に入れることが可能です。

夫を扶養に入れるのと入れないのとでは、税金がまったく違ってきます。

配偶者控除を受けると、所得税率５％の人でも所得税、住民税合わせて５万円以上の節税となります。

また夫が自営業、妻が会社員などの場合も同様です。夫の所得が38万円以下ならば、配偶者控除を受ける資格があるのです。

夫を扶養に入れるのは簡単です。

妻が会社に提出する「扶養控除等（異動）申告書」（次項で説明します）の控除対象配偶者の欄に、夫の氏名を記載すればいいだけです。

年末調整が終わったあとでも、確定申告をすれば扶養控除分の税金の還付を受けることができます。

配偶者控除、扶養控除を受ける（増やす）手続き

ここまで、配偶者控除や扶養控除を増やす方法をご紹介してきました。

でも、どういう手続きをすればいいのかわからない、という方も多いでしょう。なので、具体的な手続きをここで少しご説明しておきますね。

サラリーマンが配偶者控除、扶養控除を増やす方法は、とても簡単です。毎年会社に提出する「扶養控除等申告書」に記載するだけで、その年から扶養を増やすことができるのです。

この扶養控除等申告書は年の初めに提出するのが通例ですが、年の途中で「異動届」を出すこともできます。

会社の経理担当者に「扶養控除の変更があったので、書類を提出したい」といえば、書類をくれます。特に書き方が難しいものではありませんが、もしわからない点があれば、経理担当者に聞きましょう。これを提出すれば、扶養控除の異動は完結します。

会社に扶養控除等申告書を提出してしまっていて、年末調整がすでに済んでいる場合でも、訂正することができます。その場合は、自分で確定申告書を取り寄せて、扶養控除を訂正して、申告すればいいのです。

この場合、確定申告書は自分でつくったほうがいいでしょう。前述したように「扶養」の定義というのはあいまいなものなので、税務署の納税相談などに行くと、「どの程度、扶養しているのですか」などと、いいがかりをつけられる可能性があるからです。確定申告書のつくり方については、第6章を参照してください。

意外と控除漏れが多い「社会保険料控除」

サラリーマンで意外と控除漏れが多いものに、「社会保険料控除」があります。その年に払った社会保険料を全額、所得控除できるというものです。

この社会保険料控除も、実は世間にあまり知られていない特殊なしくみがあるのです。サラリーマンの場合、社会保険料控除は、原則として会社の年末調整で完結します。しかし、年末調整だけでは、控除漏れになっているケースが多々あるのです。

というのも、自分だけではなく、家族の社会保険料も控除できる可能性があるからです。社会保険料控除は、家族の分であっても、払っている人が受けることができるのです。だから、親や子どもの社会保険料を払ってあげていれば、その分は自分が社会保険料控除を受けることができるのです。

年金暮らしや無収入の両親を扶養家族としている場合、両親に掛かる社会保険料も控除の対象となります。

両親に限らず、扶養に入れている子ども、兄弟などの社会保険料も、もちろん控除できます。フリーターやパラサイト族も、本来は自分で国民年金に入らなければなりませんが、代わりに払った年金保険料も、親の所得から控除できるのです。

たとえば、両親の社会保険料50万円を払ってあげているとします。この分の控除を受ければ、最低税率の人でも7万5千円の節税となります。

また家族全員の社会保険料を家族の中で最も収入の多い人がすべて払ったことにすれば、家族全体の節税にもなります。

家族の分の社会保険料控除は、会社に控除証明書（国民健康保険の場合は領収書）を持っていけば年末調整でやってくれます。

確定申告では、社会保険料控除の額だけを書き直せばいいのです。自分の源泉徴収票に記載されている社会保険料控除の額と、新たに控除を受ける家族の社会保険料の額を足したものを記入すればいいのです。

確定申告書には、源泉徴収票と、新たに控除を受ける家族の社会保険料の控除証明書（国民健康保険の場合は領収書）を添付します。

「雑損控除」も控除漏れが多い

サラリーマンの所得控除の中で、し忘れが多いのが、「雑損控除」です。

雑損控除とは、災害、盗難、横領により自分や扶養親族の所有する生活用資産について損失が生じた場合には、一定の金額をその年の所得金額から控除できるというものです。

おおまかにいえば、自然災害や盗難などで所得の10分の1以上の被害があれば、それを超えた分を雑損控除できるのです。

たとえば、所得300万円の人が盗難で50万円の被害にあったとします。

50万円－30万円＝20万円

つまり、20万円が雑損控除として、課税対象額から差し引けるのです。

ただ雑損控除の計算は、もう少し複雑な過程があり図表12のように算出されます。

つまりは、損失額が所得の10分の1以上か、災害関連支出が5万円以上かということです。

災害関連支出というのは、被害を受けた資産などを修繕する費用などです。

盗難などの場合は、修繕費用が発生するようなことはないので、必然的に①での計算とな

図表12 雑損控除の計算方法

① 差引損失額 − 所得金額の10分の１ ② 差引損失額のうち災害関連支出の金額（原状回復のための修繕費など）− ５万円
①②のうち多いほうの金額が、雑損控除の額

＊１ 差引損失額とは、損害金額と災害関連支出の金額から保険金などによって補填される金額を控除した金額です
＊２ 所得金額とは、給与所得者の場合、源泉徴収票の給与所得控除後の金額の欄に記載してある金額のことです。なお所得金額の10分の１とは、この金額以下の損失は認めないということです

ります。

また自然災害で資産が損害を受けた場合は、①と②の二つの計算をして、どちらか多いほうを採ることができます。ただ①の場合は、資産の被害額をちょっと複雑な計算で算出しなければなりません。

たとえば、築20年、購入費２千万円の家が半壊の損害を受けた場合、単純に「１千万円の損害」とすることはできません。築20年なので、建物の価値は下がっているので、現在の建物の価値を基準にして、損害額を決めなくてはならないのです。この計算は、普通の方ではちょっと難しいと思われるので、税務署で算出してもらったほうがいいでしょう。

修繕などをした場合、その費用が対象になります。なので、②の計算を用いるほうが簡単です。たとえば、家が台風などで損壊して２００万円の修繕費が掛かった場合、こ

の200万円が災害関連支出ということになります。

なので、

200万円－5万円＝195万円

となり、195万円が雑損控除額ということになるのです。

ただし、ここで気をつけなくてはならないのが、雑損控除の対象となるのは「原状回復のための修繕費」ということです。新たに価値が生じるような支出は認められないのです。たとえば、家が壊れたので、いっそリフォームしようということになった場合、リフォーム費用の全部が雑損控除の対象にはなりません。あくまで元に戻すための費用ということです。

また、この「原状回復のための修繕」は、災害の日から1年以内に修繕したものでなければなりません（災害の状況などでやむを得ない事情があれば、3年以内までOK）。

損失額が大きくて、その年の所得金額から控除しきれない場合には、申告を要件に翌年以後3年間の繰越控除が認められています。だから、台風、地震などの災害にあった場合、その年だけでなく、以降3年分の税金が安くなるのです。

雑損控除の対象となる事象は、災害、盗難、横領による損失です。

つまり、地震や火災、風水害などによる損失が対象となるのです。詐欺や紛失などの被害は対象にはならないので注意を要します。

対象となる資産は、生活に通常必要な資産です。

主として居住用家屋や家財、その他生活の用に供している動産です。競走馬や別荘など趣味や娯楽のために持っている動産や不動産、1個あたりの価額が30万円を超える貴金属や書画、骨董《こっとう》品などは、対象になりません。

そして、雑損控除には、あまり知られていない裏ワザがあります。シロアリ退治や豪雪地帯の雪下ろしの費用も対象となるということです。

シロアリ退治をして5万円以上掛かった人や、豪雪地帯で雪下ろしの費用が5万円以上掛かった人は、5万円を超える部分を所得から差し引けるというわけです。

シロアリを駆除する人って、けっこういますよね？

かなりお金が掛かりますから、使わない手はないのです。ぜひ忘れずに利用すべきでしょう。

また雑損控除も、サラリーマンの場合（これまで確定申告していない場合）は、過去5年分までさかのぼって申告できます。だから、東日本大震災で家屋に被害を受けたけれど、申告するのを忘れていたという人も、今ならまだ間に合います。

雑損控除の適用を受けるには確定申告が必要です。会社ではやってくれないのです。でも確定申告の仕方は簡単です。

災害関連支出の領収証を確定申告書に添付します。

また、火災の場合には消防署が発行する「罹災証明書」、盗難の場合には警察署が発行する「被害届出証明書」が必要とされます。サラリーマンの場合、申告書には源泉徴収票を添付します。

それを持っていって、「雑損控除の申告をしたい」といえば、あとは税務署が申告書をつくってくれます。

生命保険は掛け捨てじゃないほうがいい⁉

「生命保険料控除」って聞いたことがある人も多いでしょう。生命保険に加入している場合、一定の金額を所得から控除できるというものです。

サラリーマンのほとんどは、何らかの生命保険に加入しているので、ほとんどの方がこの控除を受けているはずです。秋口に保険会社から証明書が送られてきて、会社にそれを提出すると、生命保険料控除が受けられます。おそらく、あなたも会社からいわれて、11月ごろ、生命保険料控除の書類を提出したはずです。

このように生命保険料控除については、ほとんどのサラリーマンがすでに受けているので、今さらここで紹介しなくてもよさそうなのですが、生命保険料控除に関して1点、重大な注意事項があるのです。

それは、生命保険そのものに関しての話です。

というのも、最近「生命保険は掛け捨てが有利」などといわれることがあります。「貯蓄部分がある生命保険は、利率が非常に低いので、まったく意味をなさない。それよりは、掛け捨ての生命保険に入って、保険料を安く抑えるほうがいい」

ということを主な理由とした説です。

しかし、これは必ずしも正確ではありません。

なぜなら、生命保険料掛け捨て有利論には、「生命保険料控除」がまったく考慮されていないからです。

この生命保険料控除で安くなる税金分を考慮すれば、「掛け捨ての生命保険は決して有利ではない」のです。生命保険に加入することによって得られる節税額を考えれば、貯蓄型の

図表13　所得税の生命保険料控除の計算方法
（個人年金、介護医療も同じ）

年間の支払保険料の合計	控除額
2万円以下	支払金額全部
2万円を超え4万円以下	支払金額 ÷ 2 ＋ 1万円
4万円を超え8万円以下	支払金額 ÷ 4 ＋ 2万円
8万円超	一律4万円

図表14　住民税の生命保険料控除の計算方法
（個人年金、介護医療保険も同じ）

年間払込保険料	保険料控除額
～12,000円	支払保険料全額
12,001円～32,000円	支払保険料 × 1/2 ＋ 6,000円
32,001円～56,000円	支払保険料 × 1/4 ＋ 14,000円
56,001円～	一律28,000円

生命保険も決して悪いとはいえないのです。

生命保険料控除の計算方法は、図表13・14のようになります。

たとえば、年間8万円以上の生命保険に加入していれば、所得税の場合は、4万円の所得控除が受けられます。また住民税の場合は、2万8千円の所得控除が受けられます。

所得税の税率が10％の人の場合は、所得税、住民税合わせて、6800円の節税になるのです。所得税率20％の人は、1万800円の節税になります。

年間8万円の保険に入って6800円節税できるなら、けっこう大きいはずです。

貯蓄性のある生命保険に加入して、この6800円を利息と考えれば、金融商品としてかなりいいものといえます。8万円支払って6800円の利息がつくのと同じですからね。なんと8％以上の利率になるのです。

生命保険料控除は、掛け金が年間8万円のとき、控除額は最高の4万円となります。掛け金をそれ以上増やしても、控除額は4万円が限度です。なので、生命保険の掛け金は年間8万円にするのが、最も節税効率が高いといえます。年間8万円ぴったりの生命保険などはないと思われますが、だいたい8万円になるように狙っていけば、最大の利益が得られるわけです。

掛け捨ての生命保険ならば、なかなか年間8万円にはなりませんので、この恩恵は受けられません。だから生命保険に加入する場合は、生命保険そのものの有利不利だけではなく、節税額も含めたところで選ばなくてはならない、ということなのです。

保険の掛け方によって税金が2万〜3万円変わってくる！

生命保険料控除には、もう一つ注意しなくてはならない点があります。

というのは、生命保険料控除には三つの種類があり、これをうまく組み合わせれば、大きな節税ができる、ということです。

生命保険料控除の種類とは、次の三つです。

「一般生命保険料控除」

「個人年金保険料控除」

「介護医療保険料控除」

これらの控除を全部使えば、けっこうな節税になります。が、これを全部使っている人はあまりいません。

三つの保険の特徴を簡単にいえば、

▪生命保険は、死亡したときや病気になったときに保険金がもらえるもの。

- 個人年金保険は、毎月保険料を払い込み一定の年齢に達したら年金としてもらえるもの。
- 介護医療保険は、介護が必要になったときに保険金がもらえるもの。

ということになります。

人によっては生命保険ばかりを分厚く掛けて、他の保険には入っていない場合などもあります。しかしそれは、節税面も含めて考えた場合、決して上手な保険の掛け方とはいえません。生命保険だけでは、節税額は１万円程度です（平均的サラリーマンの場合）。しかし、三つの保険に入っていれば、節税額は２万〜３万円になります。保険に入る場合には、常に節税分も含めたメリット、デメリットを考えるようにしましょう。

またこの三つの保険料控除はあまり知られていないので（特にあとの二つ）、保険に加入していて控除を受ける資格があるのに、控除をし忘れている人もけっこういます。なので、いろんな保険に加入している人は、これを機会に自分がどんな保険に入っているのか、保険料控除を受ける資格があるのかないのか、保険会社に確認してみましょう。

実は、保険料控除がややこしくなったのには、理由があります。

生命保険料控除は、平成24年に大きく改正されたのです。

平成24年の改正で一番大きく変わった点は、それまでは「生命保険」「個人年金保険」の二つしか控除ができなかったのに対し、「介護医療保険」が加わって三つの控除が受けられるようになったということです。

それまでは、生命保険料控除（最大5万円）、個人年金保険料控除（最大5万円）の合計10万円までしか控除が受けられませんでした。

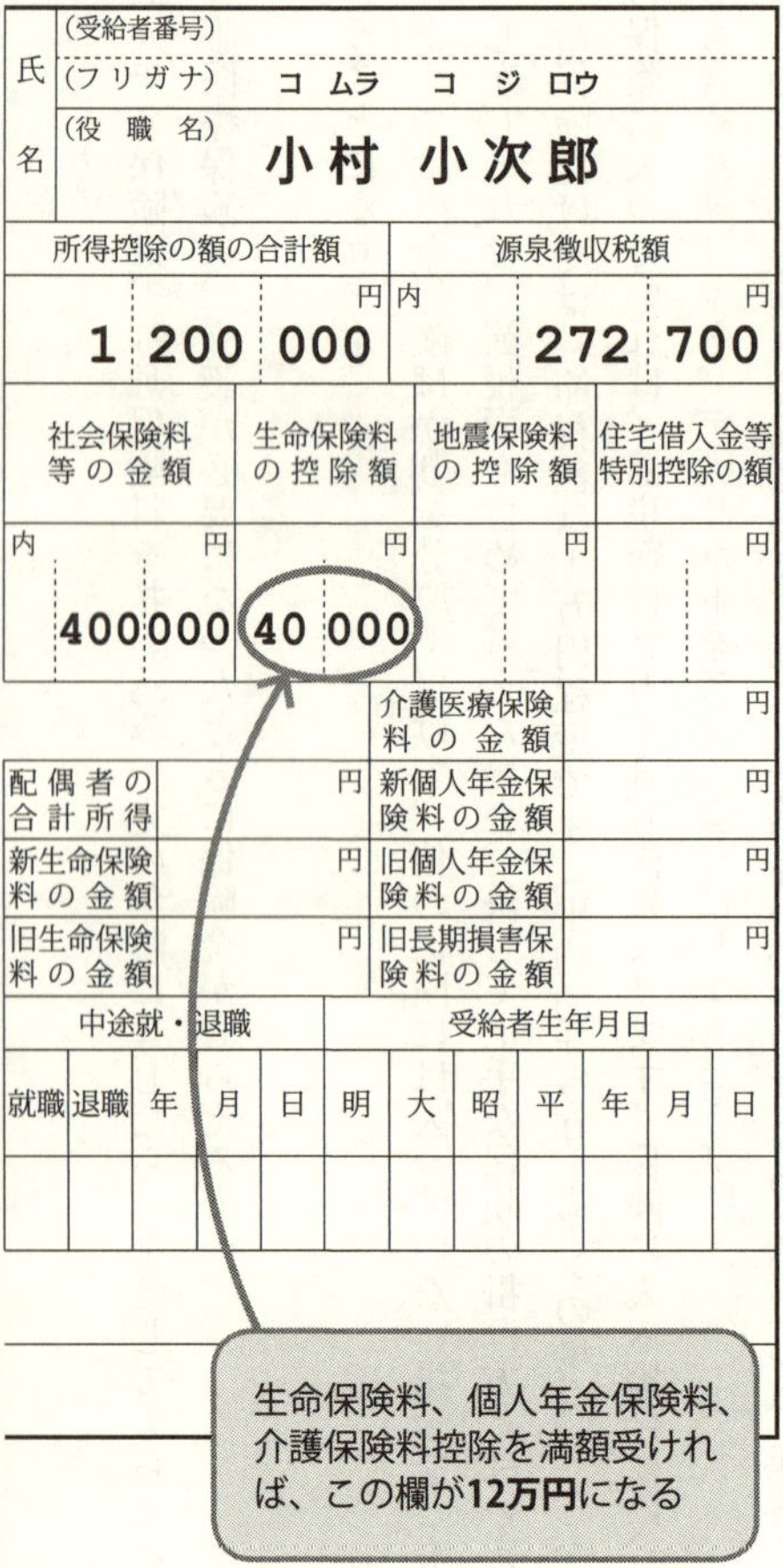

図表15 源泉徴収票の見本② 生命保険料控除の参考

平成25年分　給与所得の源泉徴収票

<table>
<tr><td>支払いを受ける者</td><td>住所又は居所</td><td colspan="5">東京都中央区京橋２丁目８番７号</td></tr>
<tr><td colspan="2">種　別</td><td colspan="2">支払金額</td><td colspan="3">給与所得控除後の金額</td></tr>
<tr><td colspan="2">給与・賞与</td><td colspan="2">内　6 000 000 円</td><td colspan="3">4 260 000 円</td></tr>
</table>

<table>
<tr><td colspan="5">控除対象配偶者の有無等</td><td rowspan="2">配偶者特別控除の額</td><td colspan="6">控除対象扶養親族の数（配偶者を除く）</td><td colspan="2">障害者の数（本人を除く）</td></tr>
<tr><td colspan="4"></td><td>老人</td><td colspan="2">特定</td><td colspan="2">老人</td><td colspan="2">その他</td><td>特別</td><td>その他</td></tr>
<tr><td>有</td><td>無</td><td>従有</td><td>従無</td><td></td><td>円</td><td>人</td><td>従人</td><td>内　人</td><td>従人</td><td>人</td><td>従人</td><td>内　人</td><td>人</td></tr>
<tr><td>*</td><td></td><td></td><td></td><td></td><td></td><td></td><td></td><td></td><td></td><td></td><td></td><td></td><td></td></tr>
</table>

（摘要）住宅控除可能額　円　国民年金保険料等　円

<table>
<tr><td rowspan="2">16歳未満扶養親族</td><td rowspan="2">未成年者</td><td rowspan="2">外国人</td><td rowspan="2">死亡退職</td><td rowspan="2">災害者</td><td rowspan="2">乙欄</td><td colspan="2">本人が障害者</td><td colspan="2">寡婦</td><td rowspan="2">寡夫</td><td rowspan="2">勤労学生</td></tr>
<tr><td>特別</td><td>その他</td><td>一般</td><td>特別</td></tr>
<tr><td></td><td></td><td></td><td></td><td></td><td></td><td></td><td></td><td></td><td></td><td></td><td></td></tr>
</table>

<table>
<tr><td rowspan="2">支払者</td><td>住所（居所）又は所在地</td><td colspan="3">東京都中央区京橋２丁目８番７号</td></tr>
<tr><td>氏名又は名称</td><td colspan="3">株式会社中央公論新社</td></tr>
<tr><td colspan="2">署番号</td><td></td><td>整理番号</td><td></td></tr>
</table>

受給者交付用

図表16　古い生命保険料控除の計算方法（個人年金も同じ）

年間の支払保険料の合計	控除額
２万5,000円以下	支払金額全部
２万5,000円を超え５万円以下	支払金額÷２＋１万2,500円
５万円を超え10万円以下	支払金額÷４＋２万5,000円
10万円超	一律５万円

しかし、平成24年の改正で、生命保険料控除（最大４万円）、個人年金保険料控除（最大４万円）、介護医療保険料控除（最大４万円）で、合計12万円の控除が受けられるようになったのです。

だから、生命保険に年間８万円以上、個人年金保険に年間８万円以上、介護医療保険に年間８万円以上掛け金を支払っている人は、合計で12万円の生命保険料控除が受けられるのです。個人年金保険、介護医療保険については、次項以下で詳しく説明します。

ただ気をつけなくてはならない点があります。

平成24年に改正された新しい生命保険料控除の制度は、平成24年以降に契約した保険のみに有効なのです。それ以前に契約した保険は、古い制度がそのまま適用になるのです。

平成23年までに契約した生命保険については、図表16のような方法で控除額が算出されます。そして、この控除の計算方法は生命保険だけではなく、個人年金保険にも使います。

平成24年１月１日以降に契約した生命保険については、前に掲げた図表13の方法で控除額が算出されます。

民間の個人年金保険に入るとかなりお得！

前項で触れた「個人年金保険」について、詳しく説明しましょう。

民間の個人年金商品に加入している場合、「個人年金保険料控除」というものが受けられます。

個人年金とは、公的年金ではなく、保険会社に個人で加入する年金のことです。毎月、一定額を積み立てておけば、老人になったとき（60歳以上など保険によって支給年齢は違います）に一定額をもらえるというものです。毎月いくらずつ、何年間もらえる、というようなしくみです。

また終身年金タイプなどもあります。これは、死ぬまで一定の年金がもらえるという商品です。

最近はこれに加入している人もけっこういるようです。が、個人年金の存在自体を知らない人も、かなり多いようです。また個人年金に加入している人でも、所得控除が受けられるということを知らずに、控除漏れになっている人もいるようです。

個人年金保険の控除額の計算方法は、生命保険料控除と同じです。

年間8万円の保険料を払い込んでいれば、4万円の個人年金保険料控除が受けられます。これが最高額ですので、これ以上掛け金を増やしても控除額は増えません。

また住民税は、年間5万6千円以上の保険料の払い込みをしていれば、2万8千円の個人年金保険料控除を受けられます。住民税はこの金額が最高額で、これ以上掛け金を増やしても控除額は増えません。

つまり、所得税、住民税合わせて最高で6万8千円の所得控除を受けられるのです。これは戻ってくる税額に換算すれば、平均的サラリーマンでだいたい1万円程度になります。

つまり年間8万円の個人年金に入れば、1万円くらいの節税になるということなのです。この節税分を個人年金の利子と考えれば、相当に有利な金融商品だということになります。

日本は今後、少子高齢化社会が加速し、公的年金の支給額は削減される可能性が高いです。公的年金だけでは、なかなか老後を暮らしていけなくなるでしょう。

昨今では老後の資金に頭を悩ませているサラリーマンも多いと思われます。公的年金だけでは足りないので、補足分としていろんな投資をしたり、不動産を購入したりする人も多いようです。

が、老後の資金計画には、まずは個人年金に入ってみることをお勧めします。節税分を考えれば、まずこれより有利な金融商品はないといえます。ただし年間８万円以上入っても、節税額は増えないので、あまり多くの老後資金プールには使えません。なので老後資金計画の手始めとして、８万円をちょっと超えるくらいの個人年金に加入する、ということにしたらどうでしょう？

また、個人年金には、公的年金にないメリットもあります。

個人年金は、個人と民間保険会社が契約した年金ですので、公的な部分はまったくありません。だから単純にいえば、払い込んだ分に利子がついて戻ってくるのです。公的年金の場合、世代や家族構成によっては、払い込んだ分よりも少ない金額しかもらえないということがあります。でも個人年金の場合は、そういうことはあり得ないのです。

また先ほども述べましたように、個人年金に加入していても、控除をし忘れている人がけっこういます。生命保険と個人年金は非常にわかりにくいので、もしかしたら、保険の外交員に勧められて、あなたも入っているかもしれないのです。なので、自分が加入している生命保険の内容がよくわからない人は、保険会社に確認してみましょう。

もし控除漏れがあっても、会社に申告すれば、年末調整をしてくれます。年末調整に間に合わなかったり、すでに申告が終わっている年度の分も、過去5年分までは確定申告で、取り戻すことができます。

民間の介護医療保険に加入すれば1万円の節税になる！

次に、先に少し触れた介護医療保険の控除についてご説明しましょう。

介護医療保険というのは、公的な介護保険とは別に、民間の保険会社が販売している保険商品のことです。これに加入していれば、介護が必要になったときに、一定のお金を受け取れるというものです。

この介護医療保険は、今までは所得控除の対象にはなっていませんでした。

が、前述したように平成24年度の税制改正により、控除の対象となる保険に新たに「介護医療保険」が加えられたのです。

従来の生命保険、個人年金保険に加え、さらに介護医療保険に加入すれば、それまで所得税の生命保険料控除は10万円が控除限度額だったものが12万円になるのです（ただし、住民税の控除限度額は従来の7万円と変わりません）。

つまりは、介護医療保険に加入すれば、所得控除の枠が広がる、ということです。

この介護医療保険の所得控除の計算方法は、生命保険料控除、個人年金保険料控除と同じです。

介護医療保険の所得税所得控除の最高額は、掛け金8万円以上のときに4万円です。住民税の所得控除の最高額は、5万6千円以上のときに2万8千円です。

だから、年間8万円の介護医療保険に加入していたら、所得税、住民税合わせて6万8千円の所得控除を受けられることになるのです。これは平均的サラリーマンで、だいたい1万円の節税になります。

今後、ますます高齢社会化が進み、老後の生活資金とともに、介護費用なども計画的にプールしておかなくてはなりません。なので、今のうちから節税を兼ねて準備しておくのもいいかもしれません。

地震保険に入ったら1万円の節税になる！

前項まで生命保険関係の控除のご紹介をしました。

が、所得控除の対象になるのは、生命保険ばかりではありません。

昨今、普及し始めている地震保険も、所得控除の対象なのです。

日本は地震大国であり、昨今、地震の被害が非常に多いです。

これに対応して平成20年度の税制改正で、地震保険を掛けている人には、地震保険控除というものが受けられるようになったのです。

行政としてはけっこう素早い対応といえますが、なかなか広報しないというのは相変わらずです。

たぶん「地震保険に入ったら税金が安くなる」ことを、ほとんどの人は知らないのではないでしょうか。国税庁は、こういうことはまったく宣伝しませんからね。

地震保険料控除の額は、5万円以内ならば全額、5万円超ならば5万円となっています。

生命保険料控除が、最高額4万円（掛け金8万円以上の場合）なので、地震保険料控除のほうが有利だといえます。

地震保険料控除の対象となる保険契約は、国税庁のサイトによると以下のようになっています。

「地震保険料控除の対象となる保険や共済の契約は、一定の資産を対象とする契約で、地震等による損害により生じた損失の額をてん補する保険金又は共済金が支払われる契約です。対象となる契約は、自己や自己と生計を一にする配偶者その他の親族の所有する居住用家屋又は生活に通常必要な家具、じゅう器、衣服などの生活用動産を保険や共済の対象としているものです」

普通の方には少しわかりにくいと思われますが、まあ「地震保険」と称されて販売されている保険商品の大概のものは該当します。

が、中には、該当しないものもありますので、新しく地震保険に加入したいと思っている人は、保険会社に地震保険料控除の対象となるかどうか必ず確認しましょう。

現在加入している保険が控除対象なのかどうかは、保険会社から送られてくる証明書を見れば確認できます。もしわからなければ、保険会社に直接問い合わせれば教えてくれます。

地震保険料控除を受ける手続きは、会社に地震保険の控除証明書を提出すれば、それでOKです。もし年末調整までに提出するのを忘れていても、確定申告をすればいいのです。

また地震保険料控除がつくられた代わりに、損害保険料控除が廃止されました。

損害保険料控除を受けていた人は要注意です（ただし、長期損害保険の保険料控除を受け

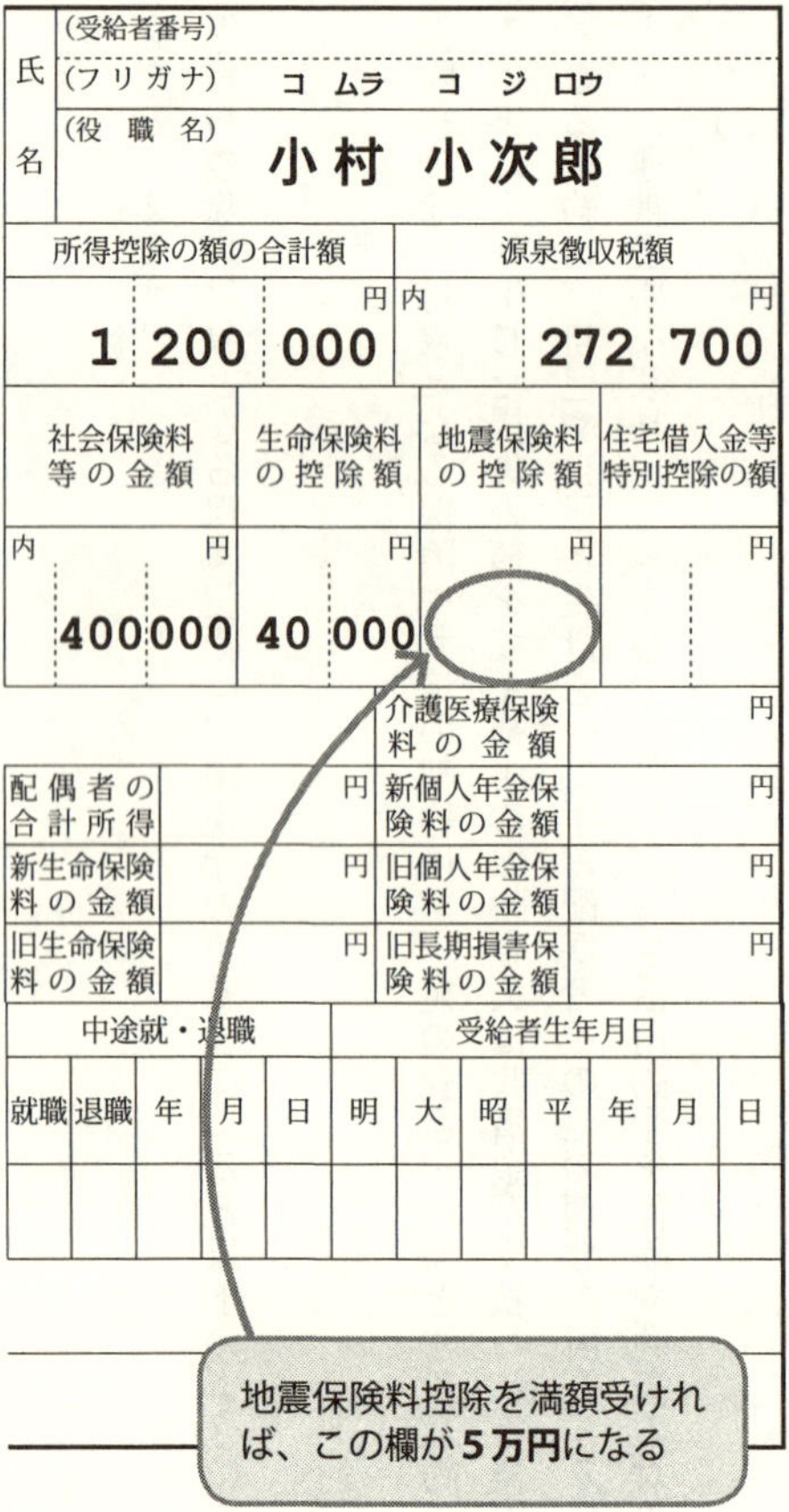

図表17 源泉徴収票の見本③ 地震保険料控除の参考

平成25年分　給与所得の源泉徴収票

支払いを受ける者	住所又は居所	東京都中央区京橋２丁目８番７号

種別	支払金額	給与所得控除後の金額
給与・賞与	内　**6 000 000** 円	**4 260 000** 円

控除対象配偶者の有無等					配偶者特別控除の額	控除対象扶養親族の数（配偶者を除く）						障害者の数（本人を除く）	
				老人		特定		老人		その他		特別	その他
有	無	従有	従無		円	人	従人	内　人	従人	人	従人	内　人	人
＊													

（摘要）住宅控除可能額　　円　国民年金保険料等　　円

16歳未満扶養親族	未成年者	外国人	死亡退職	災害者	乙欄	本人が障害者		寡婦		寡夫	勤労学生
						特別	その他	一般	特別		

支払者	住所（居所）又は所在地	東京都中央区京橋２丁目８番７号
	氏名又は名称	株式会社中央公論新社

署番号		整理番号	

受給者交付用

ていた人は、経過措置としてそのまま継続されています)。

サラリーマンも交際費が計上できるようになった!

「いいよ、いいよ、ここは経費で落とすから」

自営業者などの友人にそうやって御馳走になったことがある人も多いのではないでしょうか? 自営業者などは、経費を自由に使うことができます。だから、そういうことができるわけです。

うらやましい、と思ったサラリーマンも、けっこういるでしょう。

サラリーマンは、原則として確定申告はしないので、経費を自分で申告できません。だから交際費なども、会社が出してくれるなら別として、自腹で払った分を自分の収入から差し引くことなどはできません。

「サラリーマンだけが経費を自由に計上できないのは、おかしいじゃないか?」

「サラリーマンも確定申告を認めるべきだ!」

そういうことをいう有識者もけっこういます。

が、しかし、しかしです。

実は平成25年の税制改正で、サラリーマンも一部の経費を申告することが認められたのです。一定の条件をクリアすれば、交際費などを経費として計上し、課税対象額から差し引くことができるようになったのです。

この制度は、「特定支出控除」というものです。サラリーマンに特定の支出が生じた場合には、それを給料から差し引いてあげましょう、というものです。

これは、サラリーマンは、仕事上いろんな経費が生じるのに、それを税金上の経費として計上できない、という国民からの批判にこたえる形でつくられた制度です。

「特定支出控除」がつくられた当初は、通勤費用が高額な人、単身赴任などで帰省費用が著しく掛かる人などに限定された制度で、しかも給与所得控除*を超えた場合にのみ適用されるというとても使い勝手の悪いものでした。この制度を利用する人は年間数十名程度という、ほとんど有名無実の制度でした。

しかし、「だれも使っていない役に立たない制度」ということで批判されたため、これが拡充されることになったのです。

この拡充により、通勤費用や転居費用、研修費などの特定支出のみならず、一定の条件を満たせば交際費、図書費や衣服費も計上できるというのです。一定の条件というのは、「会社の業務に関する費用であること」なので、自営業者の費用計上の条件と同じです。つまり、サラリーマンは自営業者に近いような費用計上の権利を手にしたのです。

＊給与所得控除については、68ページで詳しく説明しています。

特定支出控除の条件

では、次に特定支出控除の条件についてご説明しましょう。

特定支出控除とは、特定の支出が一定以上あったときに、それを課税対象額から差し引いてあげますという制度です。

で、どのくらいの支出があったときに控除の対象となるかというと、図表18のとおりです。

給与所得控除というのは、サラリーマンを対象に、あらかじめ収入に対して一定の割合でなされる控除です。サラリーマンも、業務上いろんな経費が掛かるけれど、自営業者のように経費を計上できないので、収入から一定の割合を経費として認めましょうという制度です。

図表18 特定支出控除の最低必要額

その年中の給与等の収入金額	特定支出控除額の基準となる金額
1,500万円以下	その年中の給与所得控除額 × 1/2
1,500万円超	125万円

給与所得控除の計算方法は、図表6（69ページ）を参照ください。

たとえば、年収400万円の人の給与所得控除は134万円になります。この134万円の半分の67万円以上の特定支出があった場合は、その分だけ控除額を上乗せしましょう、という制度です。

もし年収400万円の人が、100万円の特定支出があった場合には、100万円－67万円で、33万円が特定支出控除の額となるのです。

そして特定支出控除に該当する費用にはどんなものがあるかというと、次の6種類です。

①一般の通勤者として通常必要であると認められる通勤のための支出（通勤費）
②転勤にともなう転居のために通常必要であると認められる支出（転居費）
③職務に直接必要な技術や知識を得ることを目的として研修を受けるための支出（研修費）

④職務に直接必要な資格を取得するための支出（資格取得費）

＊平成25年分以後は、弁護士、公認会計士、税理士などの資格取得費も特定支出の対象となります。

⑤単身赴任などの場合で、その者の勤務地または居所と自宅の間の旅行のために通常必要な支出（帰宅旅費）

⑥次に掲げる支出（その支出の額の合計額が65万円を超える場合には、65万円までの支出に限ります）で、その支出がその者の職務の遂行に直接必要なものとして給与等の支払者より証明がされたもの（勤務必要経費）

(イ)書籍、定期刊行物その他の図書で職務に関連するものを購入するための費用（図書費）

(ロ)制服、事務服、作業服その他の勤務場所において着用することが必要とされる衣服を購入するための費用（衣服費）

(ハ)交際費、接待費その他の費用で、給与等の支払者の得意先、仕入先その他職務上関係のある者に対する接待、供応、贈答その他これらに類する行為のための支出（交際費等）

＊⑥の支出については、平成25年分以後、特定支出の対象となります。

つまりは資格取得費用やら接待交際費、書籍代などが、一定の金額を超えた場合には、控除の対象となるというわけです。

平均的サラリーマンならば、これらの費用がだいたい70万円以上掛かった場合には、70万円を超えた部分が特定支出控除の対象となるわけです。

これらの支出だけで70万円を超えるというのは、けっこう難しいかもしれません。交際費は65万円までという縛りもありますからね。でも、資格取得に励んでいる人などは、交際費や書籍代などと合わせれば、十分にチャンスはあると思います。サラリーマンならば知っていて損はない情報だといえるでしょう。

第4章

禁煙治療、温泉、整体、栄養ドリンク

——医療費控除は裏ワザがいっぱい

医療費控除を使い倒せ！

ここまでで、「サラリーマンにも節税策はたくさんある」ということは、ある程度わかっていただけたと思います。

今までの段階でも、多くのサラリーマンに「自分でもできそうだ」と思っていただけた項目があるのではないでしょうか？

でもサラリーマンのほとんどは、確定申告をしたことがありませんよね？

で、何から始めたらいいかわからないようなケースも多いと思います。

その場合は、この章でご紹介する「医療費控除」から手を出してみてはいかがでしょうか？

医療費控除という言葉を聞いたことがある方も多いでしょう。

年末のビジネス誌などで時々、特集されたりしていますからね。

「やってみたいけれど、どうやればいいのかわからない」

という人も多いでしょう。

そういう方々は、ぜひこの機会にチャレンジしてみてください。

医療費控除は、対象範囲が広いのでだれにでも簡単にできるものなのです。そして、医療費控除はほとんどの方が、少額であっても税金還付になるのです。

サラリーマンが「税金が還付されるとはどういうことか」と体感するには、うってつけのアイテムといえます。

医療費控除は、簡単にいえば、年間10万円以上の医療費を支払っていれば、若干の税金が戻ってくる、という制度です（本当はもう少し複雑な計算があります、詳細は後述）。

そして医療費の領収書さえ残しておけば、だれでも申告をすることができます。だから、やろうと思えば、今日からでもできるのです。

「俺は、病院なんてめったに行かない。だから医療費控除なんて関係ない」

と思った方もいるでしょう。

でも、医療費控除というのは、病院に支払ったお金だけが対象ではないのです。

病院での治療費、入院費のみならず、通院での交通費、薬屋さんで買った市販薬、場合によっては、ビタミン剤、栄養ドリンク、按摩《あんま》、マッサージなども含まれるのです。また昨今、はやりのＥＤ治療、禁煙治療などの費用も医療費控除の対象になるのです。

図表19 医療費控除の主な対象

①	病気やけがで病院に支払った診療代や歯の治療代
②	治療薬の購入費
③	入院や通院のための交通費
④	按摩、マッサージ師、指圧師、はり師などによる施術費
⑤	保健師や看護師、特に依頼した人へ支払う療養の世話の費用
⑥	助産師による分娩の介助料
⑦	介護保険制度を利用し、指定介護老人福祉施設においてサービスを受けたことにより支払った金額のうちの２分の１相当額や一定の在宅サービスを受けたことによる自己負担額に相当する金額

＊この他にも医療用器具の購入費、義手や義足等の購入費用も対象となります

そういうのを全部足したら、だいたいだれでも年間10万円以上にはなるでしょう？

ちなみに対象となる主な医療費は図表19のとおりです。

けっこういろんなものが対象になるでしょう？

まだ他にも、いろんな裏ワザがあるのです。場合によっては温泉療養、スポーツジムの会費なども、医療費控除とすることもできるのです。

これを知っているのと知らないのとでは、大違いです。

なので医療費控除は、サラリーマンが節税をする上での突破口ともいえます。医療費控除は、サラリーマンの節税の基本的な要素を備えています。医療費控除を会得すれば、他のいろんな節税方法も使えるようになるのです。

普通の家庭でも3万～4万円の税金還付がある！

まずはしくみについて、簡単にご説明しておきましょう。

医療費控除というのは、その年において多額の医療費を支払った場合に、その支払った医療費のうち一定の金額をその年の所得金額から控除できるというものです。

計算式は以下のとおりです。

その年に支払った医療費（保険金等で戻った金額を除く）－ 10万円＊ ＝ 医療費控除額（最高200万円）

＊10万円または所得金額の5％のいずれか少ない金額となります。

たとえば、年収500万円の人がいたとします。この人（家庭）の年間の医療費が30万円掛かったとします。

となると、30万円から10万円を差し引いた残額20万円が医療費控除額となります。

課税対象となる所得から20万円を差し引くことができるのです。つまりは、これに税率を掛けた分が還付されます。この人の場合だと、所得税、住民税合わせてだいたい3万〜4万円が還付されると思ってください。

年間30万円くらいの医療費って、フツーの家庭ならフツーに使っているものです。それを申告するだけで3万〜4万円が戻ってくるのです。

つまりは、普通の家庭が普通に申告すれば、3万〜4万円が還付されるのです。

3万円といえば、サラリーマンのお父さんの毎月の小遣いの平均額です。それだけのお金が浮くということになります。

医療費控除を申告するのとしないのとでは、大きな違いでしょう?

医療費控除の対象となる市販薬、対象とならない市販薬

医療費控除の額を増やそうと思えば、まず重要ポイントとなるのが、市販薬です。

病院に行かない健康な人でも、風邪薬、目薬、湿布など、何かしら購入しているでしょう?

この市販薬を医療費控除として申告できれば、医療費控除の範囲はグンと広がるはずです。で、市販薬の場合、医療費控除の対象となるケースとならないケースがあります。その違いは何なのか、というと、簡単にいえば「治療に関するものかどうか」ということです。「治療に関するもの」とはどういうことかというと、ケガや病気をしたり、体の具合が悪かったりして、それを「治す」ために買ったものであれば、医療費控除の対象となるということです。医者の処方のない市販薬でも大丈夫です。

一方、「治療に関するもの」でないものというのは、予防のためや置き薬として買ったものです。つまり、具体的な病気、ケガの症状があって、それを治すために買ったものであればＯＫ、そうじゃない場合はダメということです。

でも予防か治療かというのは、あいまいな部分でもあります。たとえば、ちょっと風邪気味だなあ、薬でも飲んでおくか、と思って市販薬を購入した場合。これは予防なのか、治療なのか、判別は難しいところです。

こういうときは、どう判断すればいいか？

有り体にいえば、自分が「治療だと思えば治療」ですし、「予防だと思えば予防」ということになるのです。

図表20 医療費控除の対象とならない主な費用

①	医師等に対する謝礼
②	健康診断や美容整形の費用
③	予防や健康増進のための健康食品や栄養ドリンク剤などの購入費
④	近視や遠視のためのメガネや補聴器等の購入費
⑤	お見舞いのための交通費やガソリン代

＊親族などに支払う世話代や未払いの医療費なども対象とならない

日本の税制は、「申告納税制度」というシステムを採用しています。これは、税金は納税者が自分で申告し、自分で納めるという制度です。この申告納税制度のもとでは、納税者が申告した内容については、明らかな間違いがなければそのまま認めるということになっています。

だから、医療費控除の場合も、本人が治療のためと思って購入した市販薬については、税務当局が「それは治療ではなく予防のためのものだ」ということを証明できない限りは、治療のために購入したとして認められるのです。

もちろん、これは治療か予防か、あいまいなものに限られます。明らかに予防のために購入したということが客観的にわかるものを「これは治療のために買った」と言い張っても、それは通りませんので、ご注意ください。

ちなみに、医療関係の支出で、医療費控除の対象とはならないものの具体例が税務当局から出されていますので図表20で紹介しておきますね。

ビタミン剤、栄養ドリンクも医療費控除の対象になる

これもあまり知られていませんが、ビタミン剤や栄養ドリンクも、一定の条件を満たしていれば医療費控除の対象となります。これらも、病気などの治療に効果がある場合がありますからね。

「病院にも行かない、薬も買わない」

という人でも、ビタミン剤や栄養ドリンクを買う人は、けっこういますからね。なので、医療費控除の申告をする際には、ぜひ会得していただきたい方策です。

ビタミン剤、栄養ドリンクなどを医療費控除に含めるための一定の条件というのは、次の二つです。

- 何か身体の不具合症状を改善するためのものであること。
- 医薬品であること。

つまりは、身体はどこも悪くないけれど、とりあえず飲んでおこう、という場合はダメだということです。

どこか具合が悪いところがあって、それを改善するために飲む、というのがまず原則です。ただし、これには医者の処方箋などは必要ありません。

まあ、ビタミン剤や栄養ドリンクを飲むときというのは、身体がどこか悪いときですからね。だから、かなりの範囲で、医療費控除の対象になるということです。

それと気をつけなくてはならないのが、ビタミン剤や栄養ドリンクも多々ありますが、医薬品になっていないものは対象とならないということです。買う際には、医薬品かどうかをチェックしたほうがいいでしょう。

さあ、どうでしょう? ビタミン剤や栄養ドリンクを医療費控除に含めることができれば、医療費控除の額はかなり増えるのではないでしょうか?

按摩、マッサージ、鍼灸も医療費控除の対象になる!

これも、あまり知られていませんが、按摩、マッサージ、鍼灸《しんきゅう》などの代金も、一定の条件を満たせば、医療費控除の対象になります。

最近では、パソコンのデスクワークに携わる方も多く、眼精疲労などで按摩、マッサージなどを利用する方も増えているようです。マッサージ店など、最近、非常に増加していますからね。

でも按摩とかマッサージってけっこうお金が掛かりますよね。だいたい10分で千円といわれているので、１時間マッサージをしてもらえば６千円くらいになるわけです。

これが、もし医療費控除の対象になれば、サラリーマンにとっては非常にありがたいわけです。

で、按摩、マッサージ、鍼灸などを医療費控除とするには、次の二つの条件を満たしておかなければなりません。

- 何かの身体の不具合症状を改善するためのものであること。
- 公的な資格などを持つ整体師、鍼灸師などの施術であること。

これも栄養ドリンクなどと同じように、「身体はどこも悪くないけれど、とりあえずマッサージしてもらおう」というような場合はダメだということです。どこか具合が悪いところがあって、それを改善するために施術を受ける、というのが原則です。

またどこの店でもいいというわけではなく、ちゃんと公的な資格をもった整体師、鍼灸師などの施術じゃないとダメということです。事前にホームページなどで確認しておきましょう。

ＥＤ治療費も医療費控除の対象となる！

ＥＤというと、中年以降の男性にとっては、だれもがある程度はドキッとする言葉ではないでしょうか？

若いときのようにはいかない、明らかにパワーが落ちている。パワーが落ちるだけならばまだいいけれど、もうパワーがなくなっている。そうなれば、なんか男として賞味期限が終わったような気持ちになって、かなり落胆してしまうはずです。パートナーのためにも、なんとかしてパワーを取り戻したい、それはごく自然な男心というものでしょう。

しかも最近は、若い人でもＥＤになる人が多いようです。

ご存じの方も多いと思いますが、このＥＤ、病院で治療を受けられます。治療を受けてみたいと思っている方は、潜在的にけっこういるのではないでしょうか？

そして、このＥＤ治療に関して掛かった費用は、医療費控除の対象となるのです。このことは、実はほとんど広報されていません。確定申告のマニュアル書などでも、これが記載されているのを見たことがありませんし、国税のホームページなどにも載っていません。

だから、ちょっと自慢させていただければ、マスコミ的にほぼ初公開の情報なのです（もしどこかですでに公開されていたら、ごめんなさい）。

ＥＤは、医療関係的には病気として扱われ、治療の対象となっているので、医療費控除の対象になるわけです。これは筆者の勝手な解釈ではなく、東京国税局のＭ相談官に確認済みですので間違いありません。

ＥＤ治療もけっこうなお金が必要のようですが、医療費控除の申告をすれば若干でもそれが取り戻せるわけです。ＥＤ治療を受けられた方、これから受けようと思っておられる方、ぜひ医療費控除を忘れずに。

禁煙治療も医療費控除の対象となる!

昨今では、社会的、国際的に禁煙の風潮が高まっていて、スモーカーの皆さんにとっては受難の時代です。公共施設はおろか、商業施設でもほとんどで原則禁煙となってしまいました。会社でも大半は禁煙になっていますよね。

スモーカーは、ガラス張りの鶏小屋みたいな喫煙室で、うつむきながらタバコを吸うしかないようになっているようです。

そういう〝迫害〟に耐えかねて、タバコをやめる人も増えています。

で、一部の病院では禁煙治療ということも始めました。

喫煙を一種の「ニコチン中毒」とみなし、それを治療しようというわけです。

この禁煙治療は、けっこうお金が掛かります。数万円から数十万円掛かるケースもあるようです。

で、あまり知られていませんが、この禁煙治療に掛かった費用も医療費控除の対象になるのです。これも、今までの確定申告のマニュアル本などには書かれておらず、おそらくマスコミで初めて公開される情報だと思われます。

で、これも筆者の勝手な解釈ではなく、東京国税局相談室のＭ相談官に確認済みなので、間違いありません。

だから、病院で禁煙治療をした人は、忘れずに医療費控除をしてください。

ちょっと話が脱線しますが、筆者も一日最低一箱吸っていたミドルスモーカーでしたが、ある方法で禁煙に成功しました。

その方法は、「タバコを吸う前に禁煙用のガムを噛む」というものです。

どういうことかというと、タバコを吸う前に必ず禁煙用のニコチン入りガムを噛む、ということを自分に課したのです。いきなり「タバコを吸わない」というのはシンドイので、「タバコを吸ってもいい、その代わり、禁煙ガムを噛んでからだよ」ということです。

これは効果てきめんでした。タバコを吸う前に、禁煙ガムを噛むと、ニコチンが体の中に入っているので、タバコが非常にまずくなります。とても吸えたものではないのです。タバコがまずいから、だんだん吸いたくなくなり、それとともに禁煙ガムの量も減らしていき、２ヶ月程度でほぼ完全にやめることができました。

筆者はそれまで無理やりタバコを吸わないという方法で何度か禁煙に失敗していたんです

が、この方法ですんなりやめられました。

「タバコを吸いたい」⇔「タバコを吸ってはいけない」

というジレンマをそう感じず、自然にタバコを嫌いになっていったんです。

ただし、これは、禁煙ガムの正規の使い方ではありませんし、医学的に根拠があるものでもありませんので、その点、悪しからずご了承ください。

ちなみに禁煙ガムも、医薬品であれば医療費控除の対象になります。

薄毛治療は医療費控除の対象になるのか？

前項では、ＥＤ治療や禁煙治療も医療費控除の対象になるということをご紹介したわけですが、男性にとってはもう一つの気になる治療がありますよね？

ＡＧＡと呼ばれる、あれ……そう薄毛です。

薄毛も、今では病院での治療の対象になっているわけですから、当然、医療費控除の対象になってもおかしくないはずです。

なので、薄毛治療は、医療費控除の対象になるかどうか、国税に聞いてみました。

東京国税局のＭ相談官によると、「薄毛治療が医療費控除の対象となるかどうかは現在検討中」とのことです。

「検討結果はいつ出るのですか？」と聞くと、「それは教えられません」とのことでした。

検討結果がいつ出るのか教えてくれないと、納税者は困るでしょうに。

「こっちが決めるまで待て。いつ決めるかは教えられない」

というわけです。国税という組織は、そういう「上から目線」の体質があります、昔から。

話を元に戻しましょう。

薄毛治療については、検討中であり、正でもなければ否でもないという状態です。なので薄毛治療をされている方は、試しに医療費控除の申告をしてもいいでしょう。

もしダメだったら、国税のほうが否認してくるでしょう。否認されても、追徴税が発生するわけではありませんから。また今のところ国税には否認する根拠もないのだから、どういう理由で否認してくるのか見ものでもあります。

薄毛治療といえば、男性のみならず女性も気になるもの。最近は、その手の特集記事を随所で目にします。サラリーマンにとっては、自分の生え際のみならず、奥さんのことも心配しなくちゃいけないとなると、さぞかしストレスが溜まることでしょうね。そういう意味でも、国税にはこの関心の高さをわかってもらいたいものです。

なお、あのタレントの板東英二氏が、自身の課税漏れについて、「植毛が経費と認められなかった」という発言をして話題になりました。これについて、勘違いされる読者もいるかもしれないので、説明しておきます。

板東氏の一件の真偽については、筆者は事実関係を知らないので何とも言えません。ただ、板東氏の件と、本書の記事について直接の関係はありません。板東氏の場合は、事業としての経費かどうかという話で、本書の場合は、医療費控除に該当するかどうかという話なのです。そして本書が扱っているのは、植毛じゃなく、薄毛治療（毛を生やす「治療」）のことなのです。植毛は整形手術のようなものですが、薄毛治療は、一応、病気の治療という建前なのです。だから、国税も現在のところ、薄毛治療を医療費控除に含めるかどうかを検討しているのです。

不妊治療も医療費控除の対象となる！

夫婦間のストレスといえば、ＥＤや薄毛と並んで、もう一つ最近よく目にする話題があります。そう、不妊治療です。

昨今、不妊治療をされているご夫婦も多いかと思われます。めちゃくちゃお金が掛かりますよね？　年間１００万円以上というのは、ざらにあるようです。

この費用も、医療費控除の対象となるのです。不妊治療をされている方は、これを使わない手はありません。

ただし不妊治療は、都道府県から助成金が出ますので、この金額を差し引かなければなりません。つまり、自分が払った不妊治療費から助成金を差し引いた残額が、医療費控除の対象となるのです。

また不妊治療の場合は、遠方の医療機関に通うことも多いと思われますが、この際の交通費ももちろん医療費控除の対象となります。

そして不妊治療では、サプリメントなども使うことがありますが、これも医師などの指示によって使うものであれば、対象となります。ただし、前にご説明しましたように、サプリメントの場合は、医薬品でなければ不可です。

温泉療養で税金を安くする

医療費控除には、面白い裏ワザがたくさんあります。

その代表的なものが、「温泉療養」です。

医療費控除では、一定の温泉療養で掛かった費用も対象となるのです。温泉に入ることが病気やケガの治療になることもあるからです。

温泉に行って税金が安くなるなら、これほどオイシイ話はないはずです。

しかも温泉療養の場合、温泉施設の利用料だけではなく、温泉までの旅費（交通費？）や旅館（施設？）の宿泊費なども、医療費控除の対象となります（必要最低限の費用のみであり、旅館での飲食費や、グリーン料金などは認められません）。

ちょっと休みが取れたら、温泉に行きたい、と思っているサラリーマンの皆さんも多いはずです。そういう温泉旅行が、節税にもなるというわけです。

ただし、というか、もちろんというか、温泉旅行が無条件に医療費控除の対象となるわけではありません。

一定の条件があります。
その条件は、次の二つです。
■医師が温泉療養を病気等の治療になると認めた場合（医師の証明書が必要）。
■厚生労働大臣が認定した温泉療養施設を利用した場合。

つまり、温泉療養を治療と認めてもらうには、医師から証明書を出してもらわなければなりません。でも、これは医師に頼めば比較的簡単に出してくれます。医師は、自分の腹が痛むわけではありませんからね。

医師は温泉療養指示書というものを出し、その指示書に従って、療養施設のスタッフが温泉療養をケアしてくれます。といっても、基本は温泉に入ることですけどね。

また厚生労働省が認めた温泉療養施設は、全国に18ヶ所あります（平成24年4月1日現在）。

詳しくは温泉利用型健康増進施設連絡会のホームページをご覧ください。

http://www.onsen-nintei.jp/

スポーツ施設利用料も医療費控除の対象となる

温泉療養費用と同じように、スポーツジムに行った費用を医療費控除の対象とすることもできます。

メタボリック症候群、成人病の多くは、運動不足が要因の一つといわれており、運動することは、治療の一環でもあるからです。

スポーツジムに行こうと思っているサラリーマンは、けっこういるのではないでしょうか？　もしスポーツジムに行けて、節税になるのなら、一石二鳥というものです。

もちろん、スポーツ施設を使えばどんなものでも対象となるということではありません。

次の条件をクリアしなければなりません。

- 高血圧症、高脂血症、糖尿病、虚血性心疾患等の疾病で、医師の運動処方箋に基づいて行われるものであること。
- おおむね週1回以上の頻度で、8週間以上の期間にわたって行われるものであること。

■運動療法を行うに適した施設として厚生労働省の指定を受けた施設（「指定運動療法施設」）で行われるものであること。

つまり、スポーツ施設の利用を治療と認めてもらうには医師の証明書が必要となりますし、若干ハードルは高いかもしれません。が、該当する人は、利用しない手はないでしょう。対象となる指定運動療法施設は、全国で187ヶ所あります。あなたの住んでいる地域の近くにもきっとあるはずです。

詳しくは、日本健康スポーツ連盟のホームページをご覧ください。

http://www.kenspo.or.jp/

交通費、タクシー代も医療費控除の対象になる

医療費控除を申告する際に、忘れられがちなのが交通費です。

医療費控除というと、病院などで掛かった治療費や薬代だけが対象だと思われがちです。

しかし、病院や薬局に行くまでの交通費も対象になるのです。

対象となる交通費は、合理的な方法で交通機関を利用した場合ということになっています。平たくいえば、普通の経路で電車やバスを利用すれば、それが認められるということです。また場合によっては、タクシー代も医療費控除の対象になります。それは、病状などから見て、タクシーを使わざるを得なかったときということになっています。

が、病院に行くときにタクシーを利用するのは、そのほとんどが病状が悪かったり、緊急を要したりするときです。だから、ほとんどの場合、医療費控除に算入していいといえます。

この交通費を計上すれば、医療費控除の額はけっこう大きくなるのではないでしょうか？

特に定期的に病院に通っているような人は、かなり交通費がかさんでいるはずです。

「えぇーっ！　知らなかったよ。でも領収書をもらっていないよ、残念」

というような方もおられるかもしれません。

が、そういう場合もあきらめる必要はありません。電車やバスなどで、交通費が掛かった場合は、一回に掛かる電車賃、バス賃と病院に行った回数を集計して、計上しておけばいいでしょう。税務署もそこまでうるさくはいいません。ただしタクシー代などの場合は、領収書がないと難しいでしょう。

子どもの歯の矯正もＯＫ

医療費控除の裏ワザの中には、「子どもの歯の矯正」というのもあります。

何度か触れましたが、医療費控除は、原則として病気やケガを治す医療費しか認められません。病気の予防や美容に関するものは、控除対象にはならないのです。

だから、基本的には歯の矯正も控除対象にはなりません。

ですが、子ども（未成年）の歯の矯正に限っては、医療費控除の対象となるのです。

子どもの場合は、歯の不正咬合《ふせいこうごう》によって体調などに影響が出る、とされているようで、歯の矯正は治療の一環として認められるのです。

歯の矯正は、非常にお金が掛かるものです。なので、いつか矯正したいと思っているならば、子どものうちにやっておけば、将来のためにもなるし、節税にもなるということです。

医療費控除のグレーゾーンを認めさせる方法

医療費控除というのは、グレーゾーンがけっこうあります。

たとえば、病院にタクシーで行った場合のタクシー代です。

先ほども述べましたように、病状的に電車などに乗れなかったり、緊急を要する場合だったりなど、タクシーで行く必然性があれば、控除対象として認められます。でも、必然性がないのにタクシーを使った場合は、医療費控除は認められません。

病気やケガをしたときは、なるべく身体に負担を掛けたくないので、タクシーを使うことが多いものです。

その場合、必然性があったかどうかというのは、客観的には何ともいえません。

また前にも述べましたように、市販薬などでも、治療のために買ったものは医療費控除の対象になりますが、予防のためのものは対象になりません。この場合も、治療か、予防かという客観的な判断はなかなか難しいものがあります。

按摩や鍼《はり》、マッサージなどでもそうです。どこか身体の具合が悪いときに、按摩や鍼、マッサージなどをしたときは、医療費控除が認められますが、特別に身体が悪くないときは認められません。

しかし、そもそも按摩や鍼というのは、身体の調子が悪いときに施すことが多いはずです。なので、治療ということもできるはずですが、見方によっては「どこも悪くない」という場合もあります。

こういうあいまいなケースを、医療費控除として認めさせる方法があります。

それは、「自分で申告する」ということです。

日本の税制では、納税者が申告したことに関しては原則として認められます。

税務当局は、客観的に間違いを証明しない限り、納税者の申告を認めざるを得ないのです。医療費控除のグレーゾーンについて、税務当局が客観的に間違いを証明するのは非常に難しいものです。だから、自分で申告する限り、グレーゾーンはほぼ認められるということなのです。

「自分で申告をする」

というのは、当たり前のことでもあります。日本の税制では、税金の申告は基本的に自分で行うことになっていますから。

ただ、サラリーマンの場合、税務署で申告書をつくってもらうことが多いでしょう？

そうなると、認められないケースもあるのです。税務署員からいろいろ聞かれて、「このタクシー代は医療費控除に入れるのは難しい」などといわれれば、引き下がってしまうものです。

だから、医療費控除の確定申告に関しては、税務署につくってもらうのではなく、自分で申告をしたほうがいいということなのです（申告の仕方については第6章を参照してください）。

医療費10万円以下でも医療費控除が受けられる方法

この章の冒頭で、医療費控除は、医療費がだいたい10万円以上掛かった場合に受けられる、と述べました。

が、実は、医療費が10万円以下でも、医療費控除を受けられる場合があります。

というのも、医療費控除は、医療費が「10万円以上」か「所得の5％以上」掛かった場合に受けられるとなっているからです。

だから、所得が200万円未満であれば、所得の5%は10万円以下になります。つまり医療費が10万円以下でも、所得の5%以上医療費が掛かっていれば、控除の対象となるのです。たとえば、所得が150万円の人は、所得の5%は7万5千円になります。なので、7万5千円以上医療費が掛かっていれば、医療費控除が受けられるのです。

この場合の「所得」というのは、サラリーマンならば、給与所得控除後の金額となります。だいたい年収300万円前後のサラリーマンの所得の5%が10万円となります。サラリーマンのほとんどは、年収300万円以上なので、ほとんどの人は「医療費控除は10万円以上掛かった場合」となります。

しかし、収入が300万円以下ならば、医療費が10万円以下でも医療費控除が受けられる可能性があるのです。

また共働き夫婦などで、妻（もしくは夫）の収入が250万円以下ならば、妻のほうから家計の医療費を払ったことにすれば、医療費が10万円以下でも控除を受けられます。

共働き夫婦などの場合、「どちらの収入から医療費を支払うか」というのが決まっているわけではありません。

だから、「どちらの収入から医療費を支払うか」ということは、納税者側が主体的に決めることができるのです。つまり、妻（もしくは収入の低いほう）が家庭の医療費を全部負担したということにしても問題はないのです。

第5章

家はいつ買うのが一番有利か？

なぜ税務署員は持ち家率が高いのか？

唐突ですが、税務署員は、実は持ち家率が非常に高いのです。

税務署員というのは、本来、転勤族です。３年に１度くらいは国税局管内（だいたい５〜６都道府県内）で転勤があります。転勤の２回に１回くらいは、引っ越しをともないます。なので、家を持つことは、生活上あまり便利ではありません。単身赴任になったりしますからね。

また税務署員は国家公務員ですから、給料もそれほど高いわけではありません。昨今は不況なので、サラリーマンの平均給与よりも若干高いくらいですが、大企業などの給料と比べれば全然低いです。だから、家を建てるということは、けっこうな負担なはずなのです。

でも、税務署員はそういう境遇でありながら、40歳前後になると必ず家を建てます。定年になるころには、税務署員の１００％近くが持ち家になっています。税務署員は、よほどの変わり者でなければ、家を建てるのです。

世間の持ち家率と比べれば、税務署員の持ち家率は圧倒的に高いといえます。

なぜ税務署員はそんなに家を建てるのでしょうか？

税務署員は、「家を建てることが、金銭的に非常に有利だ」ということを知っているからなのです。

だから、給料がそんなに高いわけじゃないのに、転勤ばかりなのに、がんばって家を建てるのです。

税務署員というのは、人の税金の計算をするのが仕事です。

税金の計算をするということは、人の収入や支出の計算をするということでもあります。必然的に、「人のお金」に関して非常に詳しくなります。

「人のお金」に関して非常に詳しい税務署員が、こぞって家を建てるのです。だから、家を建てるということが、金銭的に有利であることは間違いありません。

なぜ家を建てると有利なのか？

家を建てた場合、税金が非常に優遇されますし、他にもさまざまな恩恵があります。でも、一般の方は、あまりそれに気づいていないようです。もし気づいていれば、もっともっと持ち家率が上がるはずだからです。

なのでこの章では、「家を建てるということが、いかに金銭的に有利か」「税制上優遇されているか」、そして「税制の優遇を最大限引き出すにはどうすればいいか」ということをご紹介していきたいと思います。

賃貸住宅と持ち家ではどちらが有利か？

「賃貸住宅と持ち家ではどちらが有利か？」

サラリーマン向けの雑誌などで、よくこういう特集が組まれます。

戦前の雑誌でも、こういうテーマで特集が組まれたりしているので、サラリーマンにとってこれは永遠のテーマかもしれません。

が、この問いに関しては、筆者は明確な回答を持っています。

それは、持ち家のほうが有利になる可能性が高い、ということです。

不動産価値の上下動などによりケースバイケースのこともあるので、一概にはいえませんが、確率からいえば持ち家が有利になる可能性のほうが圧倒的に高いのです。

サラリーマン向けの雑誌などでは、持ち家と借家では、トータルの住居費はほとんど変わらない、というような主張がされることもあります。

そんな「持ち家と借家では住居費は変わらない論」では、こういう主張がされます。

「持ち家の場合は、購入費自体は家賃の生涯支払額より安いけれど、固定資産税やメンテナンス費用を入れれば、そう変わらない額になる」

と。

しかし、この論には大きな欠陥があります。

確かに、家を買えば、固定資産税やメンテナンス費用が必要となります。

しかし、それは実は借家でも同じことなのです。借家にも、固定資産税やメンテナンス費用は掛かります。その費用は大家さんが払っていますが、しかし、相応の額が家賃に上乗せされるので、結局払っているのは借主なのです。つまり家賃には、固定資産税やメンテナンス費用も含まれているのです。

また雑誌の「持ち家が得か、賃貸が得か」の検証記事などでは、「同じような間取りでも、家賃と家の購入費はそう変わらない」というような計算結果が出たりすることもあります。

しかし、この計算結果にも大きな欠陥があります。

同じような間取りであっても、借家と持ち家では、家の設備等が全然違うということです。

賃貸アパート、賃貸マンションなどの場合、普通の住宅よりもかなり格安な設計になっています。つまりは、ボロいということなのです。

賃貸住宅の家賃は、購入費よりも安い（もしくは同じくらいの）ように見えますが、実は、賃貸住宅のほうがボロいだけなのです。

考えてもみてください。

家賃というのは、その建物の取得費、維持費、税金が、当然含まれているのです。

維持費や税金を大家さんが自腹で払っているなんてことはあり得ないのです。しかも、家賃には、これらの諸経費に加えて、大家さんの利益も上乗せされているのです。

つまり、賃貸住宅に住んでいる人というのは、自分の住居費の他に、大家さんの利益も支払っているのと同じなのです。

また「持ち家と借家では、さまざまな諸経費を考慮すればそれほど変わらない」論では、税金のことが考慮されていません。

あとで詳しく解説しますが、現在、住宅取得の税制優遇制度のため、ローンを組んで住宅を購入した場合、ローン残高の１％分の税金が戻ってくることになっています。これは家を買ってから10年間続きます。

なので、２千万円のローンを組んで家を買った場合、10年間で２００万円近くの税金が戻ってくるのです。この２００万円を考慮すれば、どう考えても、賃貸住宅と持ち家では、経済的には持ち家のほうが有利なのです。

だからこそ、税務署員はこぞって家を建てるのです。

持ち家の最大のメリットは、いざというときの資産になること

しかも、持ち家の場合、最大のメリットは他にあります。

持ち家の最大のメリットとは、資産形成です。

賃貸住宅は、家賃として払ったお金はすべて出ていくのに対し、持ち家の場合は、払った家の購入費（ローンなど）はすべて「家」という資産を形成していくことになります。家賃は何年払っても払いっぱなしですが、家のローンは全部払ってしまえば、家が自分のものになるのです。

「持ち家と借家では、さまざまな諸経費を考慮すればそれほど変わらない」

という主張は、この部分がすっぽり抜け落ちているのです。

「賃貸住宅の家賃」と「家のローン」とを比較して同じくらいだ、と述べているだけであっ

て、ローンを払い終わったあとの資産形成までは計算に入れていないのです。

家が自分の所有物であるということは、いざというときに非常に有利になります。

人生は、いつまで続くかわかりません。だいたい平均寿命くらいまで生きるんじゃないか、と思っている人が多いようですが、平均寿命で死ぬ人は全体の半分くらいしかいないわけです。平均寿命より長く生きる人が全体の半分いるわけです。つまり、あなたも平均寿命より長生きする確率が50%あるわけです。

で、借家の場合は、長生きすればするほど不利になります。なぜかというと、常に家賃を払っていないとならないので、住んでいる時間が長くなれば長くなるほど、住居費の総額が増えるからです。

しかし、持ち家の場合は、その逆です。

長生きすればするほど有利になるのです。ローンを払い終われば、あとは固定資産税だけ払えばいいわけです。だから、老後の生活を考える上では、持ち家のほうが圧倒的に有利なわけです。

また家が自分の所有だった場合、もし突然多額のお金が必要になった場合、持ち家を担保にして、お金を借りることもできるし、いざとなれば売り払ってお金をつくることもできます。

しかし、借家だとそんなことは一切できません。

つまり、借家の場合の住居費は払いっぱなしで終わりですが、持ち家の場合の住居費は蓄積されていくわけです。

ただし、持ち家の場合は、住宅価格の下落というリスクはあります。

これだけは防ぎようがありません。もしバブル崩壊時のように、住宅の価格が暴落した場合は、持ち家のほうが損だというケースもあり得ます。持ち家のほうが、「１００％有利」と筆者がいわないのは、このためです。

でも現在は、バブル期に比べれば非常に住宅は安いですし、バブル崩壊というのは１００年に1度くらいの出来事です。それさえなければ、おおむね持ち家のほうが有利だといえるのです。

住宅ローン控除を使いこなそう！

とまあ、家を買ったほうが有利ですよということを散々述べてきたわけですが、では持ち家有利論の支柱の一つである税金について、家を買ったときどのくらい安くなるのか？　具体的にどうすれば、税金が還付されるのか？　ということをご紹介していきたいと思います。

これを知ったら、家を買わないことが非常にバカバカしくなるはずです。

「住宅ローン控除」

という言葉を聞いたことがある人も多いでしょう。

住宅ローン控除というのは、簡単にいえば、ローンを組んで家（マンション含む）を買った場合、ローン残高の１％分の税金を還付する、という制度です。

たとえば、２千万円のローンを組んで家を購入した場合、２千万円の１％、つまり20万円が還ってくるのです。税金が20万円安くなるというのは、相当に有利な制度だといえます。

住宅ローン控除は、所得税の控除の中では「王様」ともいえるものです。

たとえば、扶養控除を一人増やしたとしても、安くなる税金は５万円程度です。扶養を一人増やすというのは、けっこう大変なことです。そんな大変な思いをしても、安くなるのは５万円なのです。

しかし、住宅ローン控除は数十万円単位で税金が安くなるのです。

住宅ローン控除がなぜこれほど強力かというと、実は他の所得控除とは、しくみが違うか

図表21 所得控除（医療費控除、扶養控除など）と税額控除（住宅ローン控除など）のしくみ

●所得控除

課税対象となる所得 × 税率 ＝ 所得税
⇧これを差し引くのが所得控除

●税額控除

課税対象となる所得 × 税率 ＝ **所得税**
⇧これを差し引くのが税額控除

＊つまり直接税金が安くなるのが税額控除

らです。

住宅ローン控除は、所得を減らす「所得控除」ではなく、税額から直接引ける「税額控除」なのです。

どういうことかというと、これまでご紹介してきた「所得控除」というのは、税金の対象となる所得を減らしてあげますよ、という制度なのです。所得控除は、税金の対象となる所得を減額するだけなのです。

たとえば、扶養控除は38万円です。扶養控除を一人増やした場合、所得を38万円減額することができます。税金というのは、所得に税率を掛けたものであり、普通のサラリーマンの税率は10～20％なので、38万円の所得控除を受けても、実際に安くなる税金は、５万円程度です。

しかし税額控除というのは、税金そのものを減らしてあげますよ、という制度なのです。20万円の税額控除を受けたならば、税金そのものが20万円安くなるということなの

です。

家を買った上に税金が安くなるというんですから、「持つ者」ばかりが得をする制度だといえます。

サラリーマンは意外とこの制度を知らないのです。

この住宅ローン控除は、本来ならば、平成25年度いっぱいで廃止される予定だったのですが、消費税の増税で、住宅購入などが激減する恐れがあるため、廃止は撤回され逆に拡充されることになったのです。

サラリーマンは、まずはこの住宅ローン控除のことをしっかり認識して、活用していただきたいと思っております。

住宅ローン控除の概要

では、もう少し具体的に説明しましょう。

住宅ローン控除というのは、基本的に、住宅ローン残額の1％が、所得税から差し引かれます。

図表22 住宅ローン控除の主な要件

●新築の場合

①	住宅取得後６ヶ月以内に居住の用に供していること
②	家屋の床面積が50㎡以上であり、床面積の２分の１以上が居住用であること
③	その年の所得金額が3,000万円以下であること
④	住宅ローン等の返済期間が10年以上で、割賦による返済であること

●中古住宅の場合

基本的には新築住宅の場合と同じだが、取得の日以前20年以内（マンションなどの耐火建築物は25年以内）に建築されたものでなければならない。

［必要書類］
① 住民票
② 登記簿謄本
③ 売買契約書の写し
④ 住宅ローンの年末残高証明書
⑤ 給与所得者の場合には源泉徴収票

サラリーマンでいえば、住宅ローン残高の１％が年末調整で還ってくる感じになります。

２千万円の住宅ローン残高がある人ならば、所得税が20万円安くなるのです。平均年収程度のサラリーマンでは所得税が20万円前後なので、住宅ローン控除で所得税がゼロになってしまうことも多いのです。

住宅ローン控除というのは、住宅にかかわる「借入金の残高」が控除の基準となります。もし平成25年12月に家を買って居住した人のローン残高が２千万円だった場合は、20万円が節税できるということです。

住宅ローン控除は、1年目は必ず確定申告をしなければなりません。

サラリーマンの場合は2年目からは、会社に必要書類を提出すれば年末調整でやってくれます。

サラリーマン以外の人も、2年目の確定申告からは住宅ローンの年末残高証明書を添付するだけでいいのです。

初めの年の確定申告は、必要書類をそろえて、税務署で申告書を作成してもらうのがいいでしょう。住宅ローン控除は、ローン残高に応じて控除額が自動的に決まるので、税務署員と見解の相違が起こる余地はありません。だから、税務署員に安心して相談することができます。申告の仕方については、第6章を参照してください。

住宅ローン控除は大幅に拡充される!

住宅ローン控除は、平成26年4月1日から大幅に改正されます。

簡単にいえば、控除額が倍増します。

これは消費税増税にともなって消費減が予測されるため、住宅ローン減税を拡充し、住宅

図表23 住宅ローン控除の改正

	平成25年 ～平成26年３月	平成26年４月 ～平成29年12月
適用期間	10年間	10年間
計算方法	ローン残高 × １％	ローン残高 × １％
控除限度額	20万円	40万円
10年間の 合計最大控除額	200万円	400万円

取得を促進させようということです。

これまで、住宅ローン控除の限度額は年間20万円でした。これを10年間受けられるので、最大で２００万円です。

しかし、平成26年度の改正で、限度額は年間40万円に拡充され、10年間で４００万円まで控除を受けられるようになります。

ただし、住宅ローン残高の１％分の税金が還付される、という基本的なしくみは変わりません。これまで住宅ローン残高が２千万円（控除税額20万円）で頭打ちになっていたものが、ローン残高４千万円（控除税額40万円）までいけるようになったということです。ということは、より多額のローンを組んで家を買った人が、得をするようになるわけです。

４千万円まで住宅ローン控除の対象になるわけですから、４千万円に近いローンを組んだ人が、最も得をするということになります。つまりは、高い家を建てる人ほど有利ということです。もちろん、ローン控除の対象は、４千万円までなので、それ以上高いローンを組んでも、控除額は増えませんが。

「長期優良住宅」にはさらに優遇制度がある

住宅ローン控除には、さらなる優遇制度があります。

買った家が「長期優良住宅」の場合は、平成25年度居住の限度額が30万円、平成26年4月~平成29年12月居住の限度額は50万円となるのです。

つまり、年間の税額控除限度額が、普通の住宅よりも10万円増しということです。適用期間が10年間なので、フルに利用すれば100万円の違いが出てきます。

長期優良住宅というのは国土交通省が設けた制度で、一定の基準をクリアした、災害などに強く、バリアフリーや省エネ機能を持った住宅のことです。税金などさまざまな優遇処置があるので、長期優良住宅を建てましょう、ということです。

長期優良住宅は、もちろん値は張ります。ただ、ローン面などの支援があります。

住宅金融支援機構が、50年ローンの「フラット50」というローンを設けています。50年ものローンを組めるのだから、月々の払いはかなり安くなります。また35年ローンの「フラッ

図表24 長期優良住宅の住宅ローン控除額

	平成25年 ～平成26年３月	平成26年４月 ～平成29年12月
適用期間	10年間	10年間
計算方法	ローン残高 × １％	ローン残高 × １％
控除限度額	30万円	50万円
10年間の 合計最大控除額	300万円	500万円

ト35」でも、長期優良住宅の場合は最初の10年間は金利を０・３％引き下げます。

また長期優良住宅の場合、ローンの残高に応じて控除される住宅ローン控除ではなく、建築費に応じて税額が控除されるケースもあります。これは、長期優良住宅を建築するために必要な費用（普通の住宅の建築費用との差額）の10％が所得税から控除されるというものです。

平成26年３月までに取得した人は、控除限度額50万円ですが、平成26年４月から平成29年12月までに取得した人は、65万円の税額控除を受けられます。

住宅取得控除というのは、これまで家屋の新築や購入の住宅ローンの年末残高がない場合には、受けることができませんでした。

しかし今回の税制改正により、平成26年からは、「認定長期優良住宅」を自己資金で取得した人も、控除を受けられるようになったのです。なので、ローンを組まずに家を建てた人でも、所得税の割引制度があるということです。

あれやこれやの優遇制度がある長期優良住宅。これを希望する場合は、家を買うときに業者に尋ねてみてください。長期優良住宅は決して安いものではないので、見積もりと照らしわせてご検討を。

家はいつ買えばいいか？

昨今、家を買うならいつがいいのか？　ということがマスコミなどで話題になっています。今後かなり税制が変わり、住宅は大きな影響を受けます。で、一体、家をいつ買えば有利なのか、ということがなかなかわかりにくくなっています。

この項では、いつ家を買えば有利なのか、それはなぜなのか、ということをご説明したいと思います。

まずは、家に関する税金がどう変わるのか、整理してみましょう。

平成26年4月から消費税の増税が予定されています。消費税は、家を購入した場合にも掛かってきます。家の値段というのはかなり大きいので、必然的に消費税額もかなり大きくなります。

平成26年４月の消費税増税では、税率３％のアップが予定されています。もし家の代金が２千万円だったら、その３％となると60万円です。つまり、平成26年４月以降は、２千万円の家の値段が60万円も高くなるのです。

ただし、家を購入した場合、消費税が掛かるのは建物部分だけです。土地部分については消費税は掛かりません。

そして、その一方で、前述したように、住宅ローン控除の拡充が予定されています。住宅ローン控除は、これまで最大２００万円だった節税額が、倍の４００万円になります。つまり、住宅ローン控除は２００万円も節税できる枠が増えるのです。

単純に見比べれば、消費税の増税分と比べても、住宅ローン控除の拡充分のほうが大きいといえます。

が、ここでもう一つ検討しなくてはならない材料があります。

というのも、住宅ローン控除の拡充というのは、控除率が上がるわけではなく、控除対象のローン枠が増えるということです。これまで控除対象となるローン残高は２千万円だった

図表25 家を買う時期の有利不利

●2800万円の住宅をローンで購入した場合

消費税3%アップの増税額		住宅ローン控除の増額分
84万円	>	80万円

●2900万円の住宅をローンで購入した場合

消費税3%アップの増税額		住宅ローン控除の増額分
87万円	<	90万円

ものが4千万円にまで拡大されるということです。

つまり4千万円の家を建てた場合に、節税額が最大の400万円になるのです。

そして購入額が2千万円以内だった場合は、これまでの住宅ローン控除と変わらない節税額なのです。

だから、購入額によって家を買う時期の有利不利は変わってくるといえます。2千万円以上の住宅を買う場合は、住宅ローン控除の拡充のメリットがあります。この拡充メリットが、消費税の増税分を超えるのは、だいたい2900万円以上の住宅を購入した場合です。

整理しますと、おおむね2900万円以上の住居をローンで購入する場合は、平成26年4月以降に購入したほうが得になり、おおむね2900万円以内の住居を購入する場合は、消費税増税前の平成26年3月までに購入したほうが得になるということです。

サラリーマンの住宅取得額というのは、2千万円から5千万円程度ですので、よくシミュレーションしてみてください。

共働き夫婦は、住宅ローン控除がダブルで受けられる！

昨今は夫婦共働きという人も多いですが、そんな皆さんにいいお話があります。夫婦共働きの人が、住宅ローン控除を受ける場合、裏ワザがあるのです。その裏ワザとは、マイホームをどちらか一方の名義にするのではなく、名義を分けて双方で住宅ローン控除を受けるというものです。

住宅ローン控除は、夫婦のうちどちらかだけが受けられるというものではありません。夫婦共同でマイホームを購入し、ともに住宅ローンを背負っているということにすれば、夫婦ともに控除を受ける資格が生じます。

住宅取得控除は、住宅取得のためにローンを組んだ場合に、ローン残高の１％が税金から控除されるものです。住宅ローンの借入残高が２千万円あれば20万円の節税となります。

しかし住宅ローン控除は、当人が払った税金以上には控除することはできません。だから、住宅ローン控除額の枠が40万円あったとしても、当人が30万円しか税金を払っていなければ最大でも30万円しか控除はできないのです。つまり、住宅ローン控除額の枠内の10万円は捨ててしまうことになります。

夫婦で住宅ローン控除を受ければ、その弊害を防ぐことができるのです。夫の税金だけではなく、妻の税金も取り戻すことができます。だから、住宅ローン控除額の枠が40万円あり、夫の税金が30万円だった場合でも、もし妻の税金が20万円くらいある場合は、控除枠の満額の40万円の税金を取り戻すことができるのです。

夫婦で住宅ローン控除を受ける方法は以下のとおりです。

- 家の名義を夫婦の共同名義にする（持ち分は2分の1ずつ）。
- 家のローンを夫婦で連帯債務にする。

たとえば、4千万円のローンを組んで家を買ったとします。

これを夫婦の共同名義にして、2千万円ずつローンを背負っていることにします。一人あたりの控除限度額は20万円ですが、これを夫婦それぞれが持っているわけなので、合計40万円です。

つまり、４千万円のローン残高がある場合、夫一人で住宅ローン控除を受けると、40万円の全額を控除できないかもしれないけれど、夫婦が両方で受ければ、40万円まで控除されるのです。

ただしこれは、夫婦ともにある程度の税金を払っていること、夫婦の収入がかけ離れていないこと、が条件になります。

妻（または夫）に所得税の支払いがない場合は、分散するよりも収入のあるほうだけにするべきです。妻（夫）の収入が少なく、所得税も住民税も払っていないような場合、妻が住宅ローン控除を受けても節税の余地はないからです。

耐震改修工事をした人も税金が安くなる！

本章では、家を購入すれば非常に税金が安くなるということを紹介しているわけですが、「俺はもう家を持っている」という方もけっこうおられるでしょう。

そういう方に、とっておきの情報をご紹介しましょう。

それは現在の耐震基準をクリアできる改修工事を行った場合、税金が安くなる、という制度です。これは耐震改修特別控除といわれるもので、昭和56年5月31日以前に建てられた住宅に住んでいる人が、耐震改修工事をした場合、費用の10％分の税金が還付されるのです。

たとえば、工事費30万円を使った人は3万円の税金が戻ってくるわけです。

厳密にいうと、平成26年3月までは、耐震改修工事に実際に支払った金額か、標準的な金額のどちらか低いほうの金額の10％が控除され、還付される税金の最高額は20万円です。

そして、平成26年4月1日から平成29年12月31日までは、工事費の標準的な金額の10％が控除され、最高25万円の税金が還ってきます。

ただし、国や自治体などから助成金をもらった場合は、それを除いた金額が対象となります。

東日本大震災を持ち出すまでもなく、日本は地震列島です。

ほとんどの人が、地震のための備えをしておきたいと考えているはずです。特に古い家に住んでいる人は、耐震工事をしたいと思っている人が多いのではないでしょうか？

で、この耐震改修特別控除は、今のところ平成29年12月までの時限的なものなのです。検討をしている人は、平成29年12月までにやっておくことをお勧めします。この特別控除は延長される可能性もありますけどね。

第6章

サラリーマンの税金還付はメチャクチャ簡単！

会社に申請するだけで税金が還ってくる場合も多々ある

ここまで、サラリーマンの税金が還ってくるというお話をしてきました。

でも、具体的にどうやって税金還付を受ければいいのかわからない、という方も多いでしょう。

なので、この章では、サラリーマンが税金還付を受けるための具体的な方法をご紹介していきたいと思います。

サラリーマンの税金還付には、二つの方法があります。

一つは、会社に申請して、会社が手続きを全部やってくれるというパターン。

もう一つは、会社では手続きが完了しないので、自分で確定申告をしなければならない、というパターンです。

まず一つ目の、会社に申請するだけでいい、というパターンからご説明しますね。

サラリーマンの節税策の中には、会社に申告するだけで完結するものも多々あります。つまりは、税務署に行かなくていい、確定申告もしなくていい、というわけです。

たとえば、扶養控除。

これは、会社に「扶養控除等申告書」を出すだけでいいのです。

この「扶養控除等申告書」は、年明けに会社のほうから「これを出してくれ」といって、書類を配布してくれます。

それに記載すればいいだけなのです。老親や会社をやめた息子を扶養に入れようというようなときでも、この「扶養控除等申告書」に記入するだけでいいのです。特別な手続きは一切必要ないのです。

また生命保険料控除なども同様です。

会社が、保険料控除申請書を配布してくれますので、それに記載すればいいだけです。

これは、サラリーマンの強みでもあります。

というのも、自営業者やフリーランサーなどの場合は、どんな節税であっても、自分で確定申告をつくり税務署に提出して初めて完了するものだからです。会社に書類一枚を出すだけで節税になる方法などありません。

また会社に書類を提出したあとで変更があった場合でも、年末調整の前であれば、会社にそれを伝えるだけで手続きが完了します。

もし、年末調整が終わっていれば、そのときは税務署に確定申告をすればいいのです。

サラリーマンの確定申告は全部税務署がやってくれる!

では、次に確定申告をするパターンについてご説明します。

図表26に掲げたように、住宅ローン控除の一回目や医療費控除などは、会社で手続きをすることはできないので、税務署で確定申告をしなくてはなりません。

が、サラリーマンにとって、確定申告というのは、非常に敷居が高いものでしょう。数万円の税金が戻ってくるとわかっていても、確定申告に行きたくなくて、二の足を踏んでいる方もけっこういるのではないでしょうか?

が、本章を読めば、サラリーマンの確定申告がいかに簡単かということがわかると思います。

まずサラリーマンの確定申告の大半は、基本的に税務署が全部やってくれる、ということです。

税務署は毎年2月16日から3月15日までの確定申告の時期に申告相談というのをしていま

図表26 サラリーマンの節税の手続き

確定申告をしなくてはならないもの	会社に書類を出すだけでいいもの（主なもの）
▪住宅ローン控除（最初だけ） ▪医療費控除 ▪雑損控除	▪家族分の社会保険料控除 ▪扶養控除 ▪配偶者控除 ▪生命保険料控除 ▪個人年金保険料控除 ▪介護医療保険控除 ▪地震保険控除 ▪寡夫、寡婦控除

＊ただし、会社に書類を出すだけでいいものであっても、過去の分など、場合によっては確定申告が必要なこともあります。自分の節税策が、確定申告をしなければならないものかどうかは、会社か税務署に相談してみてください

す。

これはこの期間に税務署に行けば、税理士や税務署員が無料で申告書作成を手伝ってくれるというサービスです。これを使えば、面倒な申告書を税務署が全部つくってくれるわけです。

サラリーマンの場合、これだけで、ほとんどの還付申告ができます。

サラリーマンは税務署と税法の解釈でもめたりするケースはあまりないので、税務署に全部任せておいて大丈夫なのです。

税務署員というと〝怖い人〟というイメージを持っている方も多いかもしれませんが、決してそういうことはありません。

税務署というのは、窓口の対応に関しては、厳しく指導されており、「窓口対応のいい官庁」と

して常に上位にランクされています。窓口の人はとても親切ですし対応に慣れています。

なので、安心して税務署に行ってください。

還付申告はいつでもできる

そして、サラリーマンの確定申告は、原則としていつでもいいのです。

確定申告は、前年の収入などに対して申告するものなので、年が明けて税務署が開けば（通常1月4日）、その後はいつでもいいのです。

確定申告というと、2月16日から3月15日までの期間に提出しなければならない、と思っている人が多いようです。国税庁もテレビなどでそう宣伝していますからね。

しかし、実は還付申告（税金が戻ってくる申告）の場合はいつでもできるのです。

2月16日以前にしてもいいし、3月15日以降にしてもいいのです。

だから還付申告をする場合は、わざわざ人の多い2月、3月にする必要はなく、自分の空いた日にすればいいのです。

これであれば忙しいサラリーマンでも、申告できるでしょう？

正月休みの間に税務署に行ったっていいわけです。

また昨今では、確定申告期間中の何回かは、日曜日も税務署が開庁するようになっています（ただし、一部の税務署では開庁しない場合もあります）。なので、平日は行く暇がないという人は、調べた上で利用してください。

奥さんが代理で確定申告をすることも可能

サラリーマンの還付申告は一年中いつでもできる、日曜日でもできる日がある、ということをご紹介しましたが、忙しい皆さんには、それでも税務署に行く暇がない、という方もおられるでしょう。

そういう方のために、さらなる方法をご紹介しましょう。

それは、奥さんや家族が代理で確定申告をする、という方法です。

やり方は簡単です。

奥さんや家族に必要書類を持たせて、税務署に行ってもらえばいいのです。

その際には、委任状などは必要ありません。ただし、申告者本人の身分証明書のコピーは持っていきましょう。

そして奥さんが税務署に行って「主人の代わりに確定申告に来ました」と、必要書類を税務署員に見せれば、あとは税務署員が申告書をつくってくれます。

これで、どんなに忙しい方でも、確定申告はできるはずです。

それでも無理という方は、ご自分で確定申告書を作成しましょう（詳しくは２０１ページを参照）。

行く前に税務署に必要書類を問い合わせておこう

で、税務署に行く前には、必ず税務署に電話をして必要書類の確認をしておきましょう。

還付申告の種類によって必要書類が違ってきますし、住宅ローン控除などは、かなりの書類が必要ですからね。

官庁というところは融通が利かないので、必要な書類がそろっていないと受け付けてくれないことが多いのです。

そうなると、二度手間ということになってしまいます。なので、まずは必要書類を確認することです。

サラリーマンの確定申告でまず欠かせないのが、源泉徴収票と印鑑です。

印鑑は、実印でなくても構いませんが、シャチハタはやめたほうがいいです（税務署によっては受け付けない場合があります）。また身分証明書も持っていったほうが無難です。

サラリーマンは5年前までさかのぼって確定申告できる

本書を読んで、自分にも該当する節税策があった人は相当おられると思います。

が、実は該当していたんだけど、それは昔の分、というような方もけっこういるのではないでしょうか？

たとえば、東日本大震災のときに家が被災して修理したけれど雑損控除を受けていなかった、とか。家族の社会保険料を以前から払っていたけれど、控除をしていなかったとか。

でも、サラリーマンの場合、そういう方でも還付申告が受けられるのです。

というのも、今まで一度も確定申告をしたことがない方（サラリーマンなど）は、５年前までさかのぼって確定申告ができるのです。

事業者などで、毎年、確定申告をしている人は、1年前のものしかさかのぼることはできないのですが、一度も確定申告をしていないサラリーマンなどは、5年間大丈夫なのです(ただし、サラリーマンでも過去に確定申告をしている場合は、確定申告した年の分は、さかのぼってやり直すことはできません)。

なので、本書を読んで、控除のし忘れに気づいた人は、5年前のものまでは確定申告ができます。

医療費控除の申告は自分でやったほうがいい

ここまで、サラリーマンの確定申告は税務署に全部やってもらえばいい、ということをお話ししてきましたが、実は、全部が全部、税務署にやってもらったほうがいいとは限らないのです。申告内容によっては、税務署にやってもらわずに、自分でやったほうがいいケースもあります。

それは具体的にいえば、医療費控除です。

税務署員や税理士は、医療費の領収書を見てチェックしながら、申告書をつくっていくわけです。

このときに若干、問題が生じるのです。

通院するとき、体調が悪くてタクシーを利用した場合は医療費として認められる、ということを第4章で述べましたが、体調が悪いかどうかは本人にしかわかりません。

このとき、税務署としては、なるべく医療費控除を多くさせたくないので、厳しくチェックするのです。

医療費控除というのは、あいまいな部分が非常に多いのです。OKともNGともとれるケースがたくさんあるのです。

税務署員に申告書をつくってもらうと、あいまいな部分はすべてNGとされ、税金は高いほうに高いほうに誘導されます。

「通院のタクシー代は、基本的に医療費とは認められませんよ」

という具合にです。

納税者側としては、「いや、このときは体調が悪かったので、タクシーを使ったんです」とはっきり言い返せばいいのですが、税務署員を前に主張することはなかなか難しいものです。

医療費控除の場合は、税法的にグレーゾーンが多いため、税務署員が難癖をつけてくる可能性が多々あるのです。そういう面倒を避けるためには、自分で申告書をつくればいいのです。

自分で申告書をつくって、医療費控除を申請すれば、それを税務署がハネる可能性はほとんどありません。税務申告というのは、基本的に「申告されたものを正しいとみなす」という原則があるのです。

税務当局は、申告が明確に間違っているということが判明しない限り、申告を是正したり、申告を受け付けない、というようなことはできないのです。

だから、医療費控除の場合も、申告してしまえば、それを税務署が覆すことはとても難しいのです。

医療費控除以外の還付申告は、自分で申告する必要はありません。

また医療費控除でも、自分で申告する必要があるのは、「グレーゾーン」の医療費を計上している申告だけです。明らかに医療費控除として認められるものばかりを申告するときには、税務署でつくってもらっても構いません。

サラリーマンの確定申告書は30分でつくれる

自分で申告することは、そう難しいものではありません。

サラリーマンの確定申告書はとても簡単にできています。

税務署は親切な「手引き」も用意しています。この手引きを見れば、だれでも２時間もあれば作成することができるでしょう（早い人は数十分でできます）。もしわからない点があれば、わからない部分だけ税務署に聞く、ということもアリです。

とりあえずは、一応、申告書のつくり方をご説明しておきましょう。

サラリーマンの確定申告の場合、「申告書Ａ」という用紙を使います。申告書の用紙は、ＡとＢの２種類があり、サラリーマン向けに簡素化したものが申告書Ａとなります。だから、Ｂの申告書を使っても構いません。

この申告書の用紙は、国税庁のホームページから打ち出すこともできますので、わざわざ税務署にもらいにいく必要はありません。

申告書Ａでは、基本的に太枠の中だけを記入すればいいことになっています。

図表27　源泉徴収票から確定申告書Aへの移記

源泉徴収票		確定申告書A
給与所得控除後の金額	⇨	⑤の欄
所得控除の額の合計額	⇨	⑯の欄
源泉徴収税額	⇨	㉟の欄

で、まずは図表27のように、源泉徴収票に記載された数字を、確定申告書のほうに移記しましょう。

そして、あとは、自分が受ける所得控除を該当箇所に記載すればいいのです。

たとえば医療費控除を受ける場合は、医療費控除の額を申告書の⑱の欄に記入します。

ここまでつくれば、あとは税務署に持っていって仕上げてもらっても構いません。

あとは、残った太枠欄を埋めていけば、完成します。

⑳の欄は、⑯の金額に医療費控除を足した金額を記入します。その後は、各欄に記されたとおりの計算をしていけば、申告書はでき上がります。

図表28 サラリーマンの還付用の申告書

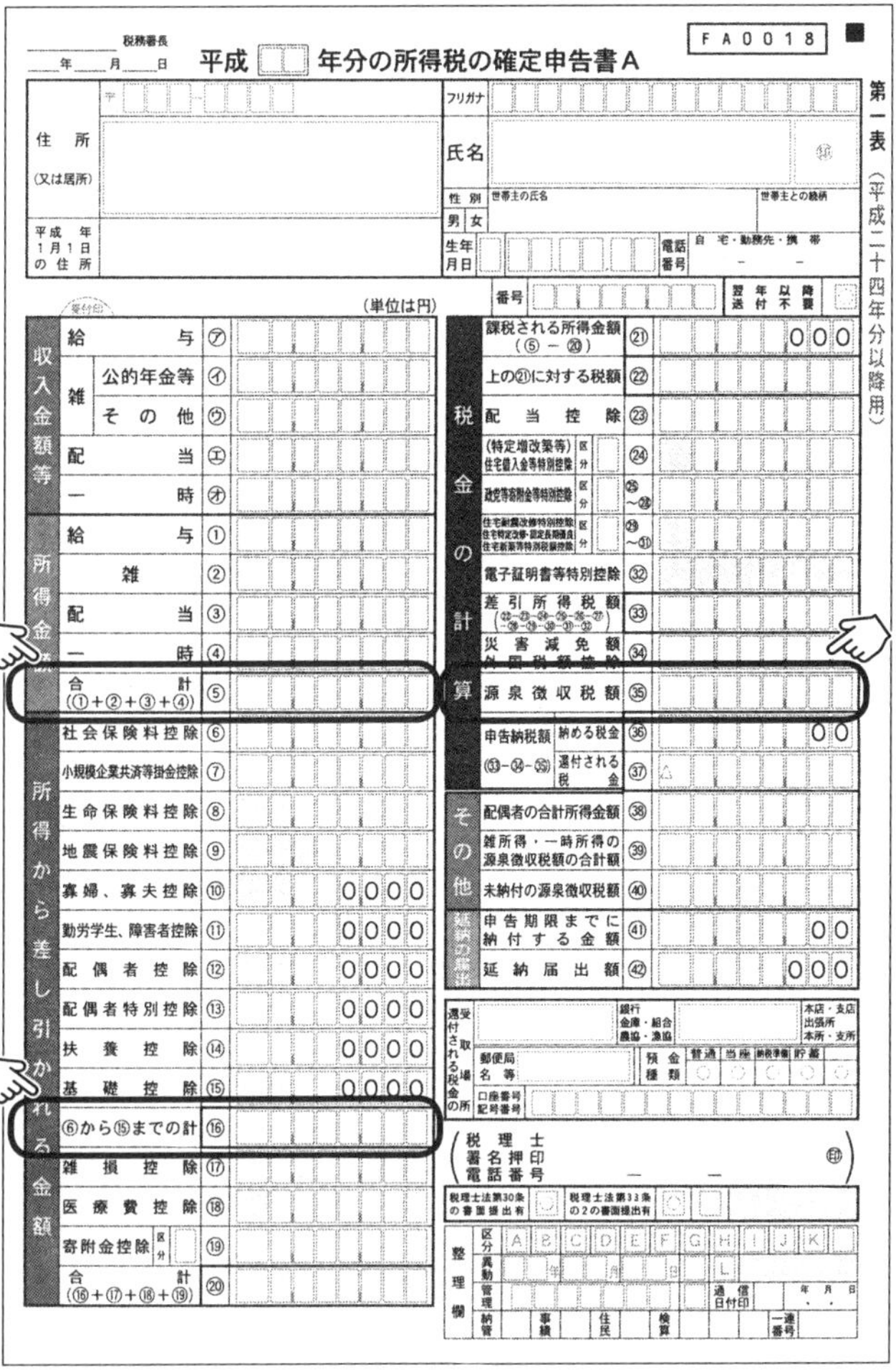

税務署長

年　月　日

平成□□年分の所得税の確定申告書A

FA0018

第一表（平成二十四年分以降用）

住所（又は居所）	〒
平成　年1月1日の住所	
フリガナ	
氏名	㊞
性別　男　女	世帯主の氏名
	世帯主との続柄
生年月日	
電話番号	自宅・勤務先・携帯
番号	
翌年以降送付不要	

（単位は円）

区分	項目	番号	金額
収入金額等	給与	㋐	
	雑　公的年金等	㋑	
	雑　その他	㋒	
	配当	㋓	
	一時	㋔	
所得金額	給与	①	
	雑	②	
	配当	③	
	一時	④	
	合計（①＋②＋③＋④）	⑤	
所得から差し引かれる金額	社会保険料控除	⑥	
	小規模企業共済等掛金控除	⑦	
	生命保険料控除	⑧	
	地震保険料控除	⑨	
	寡婦、寡夫控除	⑩	0000
	勤労学生、障害者控除	⑪	0000
	配偶者控除	⑫	0000
	配偶者特別控除	⑬	0000
	扶養控除	⑭	0000
	基礎控除	⑮	0000
	⑥から⑮までの計	⑯	
	雑損控除	⑰	
	医療費控除	⑱	
	寄附金控除　区分	⑲	
	合計（⑯＋⑰＋⑱＋⑲）	⑳	

区分	項目	番号	金額
税金の計算	課税される所得金額（⑤－⑳）	㉑	000
	上の㉑に対する税額	㉒	
	配当控除	㉓	
	（特定増改築等）住宅借入金等特別控除　区分	㉔	
	政党等寄附金等特別控除　区分	㉕～㉘	
	住宅耐震改修特別控除　住宅特定改修・認定長期優良住宅新築等特別税額控除　区分	㉙～㉛	
	電子証明書等特別控除	㉜	
	差引所得税額（㉒－㉓－㉔－㉕－㉖－㉗－㉘－㉙－㉚－㉛－㉜）	㉝	
	災害減免額　外国税額控除	㉞	
	源泉徴収税額	㉟	
	申告納税額（㉝－㉞－㉟）納める税金	㊱	00
	申告納税額　還付される税金	㊲	△
その他	配偶者の合計所得金額	㊳	
	雑所得・一時所得の源泉徴収税額の合計額	㊴	
	未納付の源泉徴収税額	㊵	
延納の届出	申告期限までに納付する金額	㊶	00
	延納届出額	㊷	000

還付される税金の受取場所：銀行・金庫・組合・農協・漁協　本店・支店・出張所・本所・支所　郵便局名等　預金種類　普通・当座・納税準備・貯蓄　口座番号・記号番号

税理士署名押印・電話番号　㊞

税理士法第30条の書面提出有　税理士法第33条の2の書面提出有

整理欄：区分 A B C D E F G H I J K　異動　年　月　日　管理　通信日付印　年　月　日　納管　事績　住民　検算　一連番号

税務署で申告書だけをつくってもらう方法

前項では、自分で申告書をつくる方法をご紹介しましたが、やはり面倒くさい、と思う方も多いでしょう。

そういう方は、基本的な資料は自分でつくっていき、申告書をつくる作業だけを税務署にやってもらう、という方法もあります。

医療費控除の場合は、申告書は自分でつくったほうがいいと述べましたが、これも申告書の作成を全部自分でやる必要はないのです。

税務署員から文句をいわれやすいのは、医療費の領収書の内容なので、領収書の集計は全部自分でして、封筒に入れてしまうのです。封筒はどんな形のものでも構いませんが、医療費控除の領収書用の封筒は、税務署にも専用のものが用意されているので、それを使ってもいいでしょう。

その上で、最終的な申告書の作成だけを税務署員にやってもらうのです。

集計もせずに、領収書の束をどっさりと持っていけば、税務署員としても面倒くさいものです。だから、領収書をチェックして、少しでも税金を取ってやろうなどという意地悪心が働いたりもします。

　でも、領収書がきちんと整理され集計もできていれば、税務署員としても楽ですので、すぐに申告書をつくってくれます。

　ただ、たまに暇な税務署員がいて、領収書の中身をチェックしたりすることもあります。それは、うまくかわしてください。

　税務署員がもし変な質問してきたら、きっぱりと返答することです。

　たとえば、「このタクシー代は、本当に必要だったんですか？」と聞かれれば、「非常に具合が悪くて、とても電車では行けなかったので、タクシーを使いました」とはっきりいいましょう。

　あとで詳しく述べますが、税務署員というのは、少しでも多くの税金を取ろうとします。それも、常に正しいわけではなく、誤った方法ででも、税金を取ろうとするのです。

　彼らは、仕事として「税金をたくさん取ること」を課せられています。そして彼らは〝仕事熱心〟なあまり、行きすぎたことも時々やらかすのです。

　納税者には彼らの行きすぎに対して、抗議をする権利があります。というより、彼らが行きすぎた行為をした場合は、それ自体が罰則の対象となるのです。

サラリーマンの皆さんに肝に銘じておいていただきたいのは、税務署員が絶対に正しいわけでも、彼らのいうことを必ず聞かなくてはならないわけでもないということです。だから、自分の主張すべきことはきっちり主張すればいいのです。

税務署員はすべて正しいとは限らない

前項で、税務署員のいうことは正しいとは限らない、と述べましたが、半信半疑の方も多いと思われます。

なので、わかりやすい例をここでご紹介したいと思います。

実はこの本をつくる際に、こういうことがあったのです。

私が医療費控除のことを調べているときのことです。禁煙治療やED治療、薄毛（AGA）治療は、医療上の治療ということになっていますが、医療費控除の対象になるかどうか、どんな文献にも載っていなかったのです。そこで、私は東京国税局に問い合わせました。

東京国税局のM相談官は、最初、次のように答えました。

「医療費控除というのは、病気やケガをしたときの治療に掛かる費用というのが原則です。だから、禁煙、ＥＤ、ＡＧＡというのは病気やケガではありませんので、医療費控除の対象にはならないと思います」

私は、これを聞いてカチンときました。

元税務署員としてのカンが働いたのです。

「この人、正確な情報に基づいていっているわけじゃなく、単に憶測でいっているだけだ」と。

この相談官は、「ならないと思います」と答えました。「思います」ということは、これは明確な答えではないのです。税務署員というのは、正確なことを知らないときに、時々、こういう答え方をします。税法や通達ではどうなっているのか、自分では正しい答えを知らないときに、逃げを打って「思います」と答えるのです。

だから、筆者はすかさず、いいました。

筆者「『思います』ってことは、国税の見解ではないんですよね？　国税局としてのはっきりした見解を知りたいんですが？」

相談官「私は別に国税局を代表しているわけじゃありません」

筆者「はあ？　あなたは国税局を代表して相談窓口にいるわけじゃないんですか？　あなたは自分の個人的見解を話しているだけですか？　納税者は国税局を代表した見解を知りたいからここに電話しているわけでしょう？　だれもあなたの個人的な見解なんか聞こうと思っていないでしょう？」

相談官「あ、いや、それはそうですが」

筆者「とにかく、あやふやないい方ではなく、国税局のちゃんとした見解を教えてください。ちゃんと調べて、あとで電話をください」

相談官「わかりました」

しばらくして、同じ相談官から電話が掛かってきました。

相談官「先ほどのご質問の件ですが、禁煙治療とＥＤ治療については医療費控除の対象となります。ＡＧＡ治療については現在検討中です」

ほら、いわんこっちゃない。

この相談官は、自分の勝手な判断で、「それはケガとか病気の治療じゃないから、医療費控除の対象にはならないと思います」といったのです。

もし私が普通の納税者であれば、それを聞いて、そのまま鵜呑みにしていたはずです。

これって、実は大変なことですよ。

東京国税局の電話相談係といったら、国税庁の顔であり、国税の見解を代表した部署であるはずです。そういう部署が、平気でウソを教えているわけです。

しかも、そのウソは、納税者有利ではなく納税者不利になっているわけです。これがもし民間会社だったら、大変な大失態です。たとえば、もし電話会社が顧客にウソをついて、決められた以上の料金を徴収したならば、大問題になるはずです。国税というのは、そういうのを常々平気でやっているのです。

税務署というのは、税務調査権という強大な国家権力を持っています。納税者はだれもが、税務署の税務調査を甘んじて受けなくてはなりません。納税者の資産を勝手に調べられたり、細かいことをうじうじ詰問されたりするわけです。

でも、それは、国税当局が、「絶対にルールにのっとってやっている」ということが大前提なはずです。

国税局というのは、納税者に対して非常に厳しい対応をするくせに、税法の明確な解釈さえ答えられないのです。

こういう点について、国税庁はもっともっと世間から非難されるべきだと、私は思っております。国民が知らないだけで、国税庁のいい加減さというのは、本当に目に余るものがあるのです。

この相談官とのやり取りには、続きがあります。

相談官が「薄毛治療に関しては、医療費控除の対象となるかどうか現在検討中」と回答したので、私が「検討結果はいつ出るのですか?」と聞いたのです。納税者としては、今、正か否かわからないのであれば、いつそれが判明するのか知りたいのは当然のことでしょう。

しかし、相談官は「それは教えられません」とのことでした。検討結果がいつ出るのか、教えてくれないと納税者は困るはずです。薄毛治療をしている人は大勢いるわけですから、それが医療費控除に含まれるかどうかは、けっこう大きな問題です。税金を司る官庁として、国税庁は、早急に判断をくだすべきですし、いつごろ決まるかも明示すべきでしょう。納税者は、みすみす節税の機会を失うかもしれないのだから。

で、私は、相談官に「AGAについて検討している部署に直接聞きたいので、その部署の連絡先を教えてくれ」と聞きました。相談官はまたしても、「それは教えられない」と答えました。「あなたがわからないから、わかる人に直接聞きたいといっているんです」と、押し問答を繰り返した結果、相談官は、「じゃあここに電話してください」といって、電話番号を教えてくれました。そこに電話したら、なんと国税庁の代表電話でした!!（怒）

代表電話の交換手に用件をいっても、「どこの部署かわからないのでおつなぎできません」とのこと。これって、完全に納税者を舐《な》めていますよね？

このやり取りは、正真正銘の事実です。全部記録に取ってありますから。

皆さん、国税庁というのはこういう組織なんです。

自分が元いた組織ながら本当に情けない。国家権力に胡坐《あぐら》をかくのもいい加減にしろ、いつまでも国民を舐めていたら大変なことになるぞ、と国税庁にいいたいです。

国税庁の〝詐欺〟にひっかかるな！

若干、本書の趣旨からはずれますが、国税の悪口をもう一つ。

国税庁が、いかにいい加減で、悪質な体質を持っているかについて、わかりやすい例をご紹介しましょう。

国税庁のホームページでは、一般の方の確定申告などのために、さまざまな税法の情報を掲載しています。

その中の、雑損控除の部分を読んで、私は非常に憤りを感じました。国税庁のホームページでは、「雑損控除として控除できる金額」について次のように記述されています。

雑損控除として控除できる金額

次の二つのうちいずれか多い方の金額です。
（差引損失額）－所得の10％
差引損失額のうち災害関連支出の金額）－５万円
＊「災害関連支出の金額」とは、災害により滅失した住宅、家財などを取壊し又は除去するために支出した金額などです。

（国税庁ホームページから抜粋）

これを読んだ皆さんは、おそらくこう思うはずです。

「災害関連支出というのは、建物を取り壊したり、除去したときの費用だけなんだな」と。

この注意書きを読めば、そういうふうにしか取れませんよね？

しかし、この記述には一番大事なことが抜けているのです。

災害関連支出というのは、「災害で被害にあったときの家などの修繕費」も含まれるのです。

東日本大震災で、家が少し壊れて修繕したような人が、もし国税庁のホームページを読んだ場合、「自分は家を取り壊したりしていないので、該当しないんだ」と必ず思ってしまいますよね？

でも実際はどうかというと、壊れた建物を修繕する費用も含めていいのです。所得税法施行令第206条では、災害関連支出には「損害を受けた住宅家財などを原状回復するための費用も含まれる」と明記してあります。

災害で家などに被害があった人は、そこが一番重要な情報ですよね？

つまり国税庁のホームページでは、カンジンカナメの部分を書いていないわけです。というより、意図的に読者に誤解させて、節税の方法を閉ざしているのです。

完全に確信犯です。

市民が税金に疎いのをいいことに、わざと大事なことを書かなかったり、誤解されるような表現をして、節税をさせないのです。

いかに国税庁が悪質で、納税者が不利になるようなことをしているか、これでおわかりいただけたかと思います。

国税というのは、こういう面が多分にあるのです。納税者は、よくよく気をつけておかないと。

税金は知らない者が損をする世界

前項で紹介した国税の悪質な手口というのは、税金の世界では氷山の一角ともいえます。

最近、「情報弱者」などという言葉がありますが、情報弱者が一番ひどい目に遭うのが税金といえます。サラリーマンは「日本は公平課税」と思っていますが、それは大間違いです。

源泉徴収という制度は完全じゃなく、税金が過払いになっているケースもあります。普通だったら、過払いになっていれば、向こうから返してくれそうなものです。

でも、税金の場合、基本的には税務当局のほうから、「税金が過払いになっていますよ」とはいってくれないのです。

たとえば、第2章で紹介した退職した人の場合。退職した人は、退職した時点で会社の関与は終わってしまいます。

でも、前述したように税金（所得税）というのは、年間を通しての所得に対して掛かってくるものです。年の途中で仕事をやめたということは、年末調整が行われておらず、税金の計算がきちんとされていないということなのです。

しかし、税務当局はそのことをきちんと教えてくれていないのです。

退職して再就職していない人が税金を納めすぎになっていることはあまり知られていないので、かなり多くの人が税金を納めすぎになっているはずです。

そして、サラリーマンの皆さんにとっては非常に違和感があることかと思われますが、税金を納めすぎている場合、請求しなければ戻ってこないのです。

公共料金とか、民間のサービス関係ならば、お金を払いすぎていたら必ず戻してくれます。

戻してくれなかったら「不当だ」として大変なことになりますからね。

でも、税金の場合は、そうではないんです。

納めすぎの場合(税務署が誤って取りすぎた場合を除いて)、自分がいわなければ返してくれないのです。

もし税金を納めていなかったり、納めた金額が足りなかったりすれば、税務署は督促をします。でも、納めすぎた税金を税務署のほうから自動的に返すなんてことは絶対にないのです。これが民間企業の取引だったら大問題になるところです。

これは税制上の欠陥なのですが、当面は改善される見込みはなさそうですので、自分で取り戻さなくてはなりません。

だから、サラリーマンもしっかり税金に関して〝知識武装〟をしておかなくてはならないのです。

あとがき――「お国のため」に節税をしよう!

本書は、2011年に出版した『あらゆる領収書は経費で落とせる』の第3弾です。第2弾の『税務署員だけのヒミツの節税術』(12年)では、確定申告をテーマにしていたのですが、サラリーマンの方々に関係する部分は限られていたので、「サラリーマンの節税方法をもっと知りたい」という声をたくさんいただきました。

そのため、今回は「サラリーマンの節税」にターゲットを絞った本にしています。

筆者は、いろんな意味でサラリーマンの方々はもっと税金を知るべきだと思っています。

サラリーマンの税金は、だいたい会社が手続きしてくれるので、その内容についてはご存じない方が非常に多いようです。日経新聞や経済誌などの記者さんでも、自分の税金についてよく知らない、という方がけっこういます。

こういう状態は、実は、サラリーマンにとって非常に損だと思われます。

税金を知らない、ということは、「節税の方法を知らない」という直接的な損もあります。

が、もっと大きい損もあるのです。それは、「政治家からナメられる」という損です。

昨今の税制改正では、サラリーマンに負担増となることばかりが行われています。

消費税増税にしても、一番負担が大きいのは、中間層以下のサラリーマンなのです。

なぜなら、中間層以下の人は収入のほとんどを消費に回します。収入に対する消費税の負担率は、実に8％になります。

しかし、経営者、投資家などの高額所得者は、収入の全部を消費に回すわけではありません。余裕があるので、収入の大半を貯蓄や投資などに回す人もいます。ですから、大雑把にいって収入に対する消費税の負担率は4％となるのです。

つまり、消費税というのは、経営者や投資家など、収入の高い人ほど負担率が減る税金なのです。ですから、税率アップは当然、貧富の格差を広げることになるのです。

こんな不公平な増税が、なぜ簡単に通ってしまったのでしょうか？

それは、サラリーマンの方々が税金に関してあまりに無知だったからだと筆者は思うのです。

消費税増税の一方で、この20年間、投資家などの高額所得者には、大減税が施されてきました。

現在、投資家の税金は、住民税含めても20％です。何億、何十億の収入があっても、わずか20％でいいのです。これは先進諸国の中では異常に安いのです。また高額所得者の税率も、この20年で4割近く下げられているのです。

消費税を増税するくらいなら、これまで下げてきた投資家や高額所得者の税金を元に戻せばいいはずです。

なぜ、サラリーマンのほうが圧倒的に多いはずなのに、そういう世論にならなかったのでしょうか？

それは、サラリーマンのほうが税金に疎く、騙されやすいからだと筆者は思うのです。

消費税が増税されれば、消費が減ります。昨今の日本は「失われた20年」といわれるように、長い低迷期にあります。この失われた20年というのは、消費税の創設、増税時期とリンクしているのです。消費税増税による消費の低迷が、日本経済に大きな影響を及ぼしているのは間違いないことなのです。

にもかかわらず、政府は消費税の増税に踏み切りました。

高額所得者というのは、税金に非常に詳しく、政府に対して厳しく文句を言ってきます。また彼らは政治献金や圧力団体などで、政治力も持っています。だから、政府は高額所得者には手を出せません。

仕方がないので、税金に無知なサラリーマンをうまく騙して、消費税の増税をしてしまったのです。

だから、これからのサラリーマンは、税金に無知であってはならないのです。

そして、自衛手段の第一歩として、少しでも節税に励んでいただきたいと筆者は考えています。

そうすれば自分も得をするし、政治家に対する圧力にもなるのです。

本書が、その一助となれば、これに勝る喜びはありません。

最後に、中央公論新社の黒田剛史氏、税理士の古舘雅史氏をはじめ、本書の刊行に尽力くださった方々にこの場を借りて御礼を申し上げます。

2013年晩秋

筆　者

Chuko Shinsho
La Clef

中公新書ラクレ 478

サラリーマンの９割《わり》は
税金《ぜいきん》を取《と》り戻《もど》せる
あらゆる領収書《りょうしゅうしょ》は経費《けいひ》で落《お》とせる【増税対策編《ぞうぜいたいさくへん》】

2013年12月10日発行

著者 大村大次郎《おおむらおおじろう》

発行者 小林敬和
発行所 中央公論新社
〒104-8320 東京都中央区京橋 2-8-7
電話 販売 03-3563-1431
編集 03-3563-3669
URL http://www.chuko.co.jp/

本文印刷 三晃印刷
カバー印刷 大熊整美堂
製本 小泉製本

Published by CHUOKORON-SHINSHA, INC.
Printed in Japan ISBN978-4-12-150478-4 C1233

中公新書ラクレ刊行のことば

世界と日本は大きな地殻変動の中で21世紀を迎えました。時代や社会はどう移り変わるのか。人はどう思索し、行動するのか。答えが容易に見つからない問いは増えるばかりです。1962年、中公新書創刊にあたって、わたしたちは「事実のみの持つ無条件の説得力を発揮させること」を自らに課しました。今わたしたちは、中公新書の新しいシリーズ「中公新書ラクレ」において、この原点を再確認するとともに、時代が直面している課題に正面から答えます。「中公新書ラクレ」は小社が19世紀、20世紀という二つの世紀をまたいで培ってきた本づくりの伝統を基盤に、多様なジャーナリズムの手法と精神を触媒にして、より逞しい知を導く「鍵《ラ・クレ》」となるべく努力します。

2001年３月